Alle Kinder machen mit auf der Bühne – in der Bütt

Spaß für das ganze Jahr

von

Heinz Schmalenbach

VERLAG OTTO TEICH · DARMSTADT

Das Vortrags- und Aufführungsrecht
für öffentliche Darbietungen muß
gesondert vom Verlag erworben werden.

ISBN 3-8069-0286-0

© by Verlag Otto Teich, D-6100 Darmstadt
Alle Rechte vorbehalten
Titelzeichnung: Hugo Winderlich
Printed in Germany

Inhaltsübersicht

Vorwort	5
Eröffnungsrede	6
Doof Nuß (I), *Büttenrede*	7
Vater und Sohn (I), *Zwiegespräch*	9
In der Eisenbahn, *Blitzsketche*	12
Zwischendurch bemerkt, *kurze Gags*	15
Klein Susi (I), *Büttenrede*	17
In einer Holzgroßhandlung, *Sketch*	19
Bruder und Schwester, *Zwiegespräch*	20
Die Waschmaschine, *Sketch für ein Mädchen*	23
Zwei Nachbarinnen (I), *Zwiegespräch*	26
Im Verkaufsladen, *Blitzsketche*	29
Doktor Wirdschonwerden, *Büttenrede*	31
Mutter und Tochter, *Sketch*	33
Ein Berufsberater, *Büttenrede*	36
Prima Ausreden für Schüler, *kurze Gags*	44
Der Hausbesuch, *Sketch*	46
Fritzchen, der Schrecken der Straße, *Büttenrede*	47
In der Schule, *Sketch*	49
Zwei Klassenkameraden (I), *Zwiegespräch*	54
Zwischendurch bemerkt, *kurze Gags*	57
Auf der Straße, *Blitzsketche*	59
Ober und Gast, *Sketch*	61
Doof Nuß (II), *Büttenrede*	64
Im Geschäft, *Blitzsketche*	66

Zwei Nachbarinnen (II), *Zwiegespräch*	69
Vor Gericht, *Sketch*	72
Zwischendurch bemerkt, *kurze Gags*	75
Vater und Tochter, *Zwiegespräch*	77
Der Straßenhändler, *Sketch*	80
Klein Susi (II), *Büttenrede*	81
Vater und Sohn (II), *Zwiegespräch*	83
Das Erinnerungsfoto, *Sketch*	85
Zwei Klassenkameraden (II), *Zwiegespräch*	87
Die Fahrprüfung, *Sketch*	89
Zum Abschied	95

Vorwort

Kinder, das weiß jedermann,
führen gerne dann und wann
mit Freude und mit viel Humor
vor Publikum mal etwas vor.

Ob allein, zu zweit, zu dritt
jedes Kind macht gerne mit.
Kein Kind, das sich da lange ziert,
da wird geprobt und aufgeführt.

Denn Kinder sind da unbeschwert.
Und glaubt mir, das ist sehr viel wert,
wenn sie in eine Rolle schlüpfen
und locker auf die Bühne hüpfen.

Sie kennen keine Starallüren.
Wenn sie ein kleines Stück aufführen,
dann sieht das nicht gekünstelt aus.
Sie strahlen, kriegen sie Applaus.

Doch vor den Applaus haben die Götter den Fleiß gesetzt, und das heißt: Planen, basteln, üben!

Dabei will euch dieses Büchlein helfen.

Es enthält: Büttenreden, Zwiegespräche, Spiel-Szenen, Blitz-Sketche und lustige Sprüche zur Auflockerung für alle möglichen und unmöglichen Darbietungen während des ganzen Jahres.

Ich wünsche euch schon jetzt viel Vergnügen beim Lesen und Vortragen.

                                              Euer
                                        Heinz Schmalenbach

(Der Ansager, der die Eröffnungsrede hält und durch das Programm führt, sollte einen dunklen Anzug, eine Fliege und einen Zylinder tragen.)

Eröffnungsrede

Liebe Kinder, Damen, Herrn,
die ihr kommt von nah und fern.
Ich bin erfreut! Begrüß euch alle
hier in dieser schönen Halle.

Fleißig haben wir geprobt
in der Hoffnung, daß ihr lobt,
was wir hier zum besten geben.
Ihr werdet's ja gleich selbst erleben.

Hoch geht's her bei uns hier heut,
das versprech ich euch, ihr Leut.
Mit 'nem Programm, das sich gewaschen,
nehmt die Hände aus den Taschen!

Haltet sie schon mal bereit,
es wird jetzt nämlich höchste Zeit,
denn ich hab nun genug gequatscht
und hoffe, daß ihr kräftig klatscht.

(Im Anschluß an die Eröffnungsrede kündigt der Ansager gleich die erste Programmnummer an. Dazu findet ihr vor jedem Vortrag eine Anregung.)

ANSAGER: Nun wünsch' ich euch Spaß im Überfluß, empfangt mit mir hier die „Doof Nuß".

Doof Nuß (1)

Büttenrede

(Erscheint in normaler Straßenkleidung, hat aber das Gesicht wie ein Clown geschminkt.)

Ach, ist mir schlecht! Nee, also ihr könnt euch ja gar nicht vorstellen, wie übel mir ist. Ich fürchte, die letzte Pflaume, die ich gegessen habe, muß schlecht gewesen sein – ja, wirklich, denn die anderen 96 sind mir ganz gut bekommen.

Leute, wißt ihr eigentlich, daß das Geld abgeschafft werden soll? – Ja, ich habe heute einen getroffen, der hatte schon keins mehr.

Gestern da ist mir ja ein Ding passiert, ging doch so ganz aus Versehen beim Reinigen meiner Steinschleuder ein Schuß los. Genau in die Schaufensterscheibe vom Bäcker bei uns an der Ecke. – Da habe ich aber die Beine in die Hand genommen und bin losgerannt. Leider war ich nicht schnell genug und der Bäcker hat mich erwischt. „Bürschchen!" schreit der mich an, „weißt du denn nicht, daß du die Scheibe bezahlen mußt?!" „Sicher, sicher", habe ich gesagt, „Sie sehen doch, daß ich schon nach Hause renne, um das Geld zu holen!"

Neulich war ich mit meinen Eltern im Ballett. Das ist vielleicht doof. Da tanzen alle Mädchen auf den Zehenspitzen herum. So ein Quatsch! Sollen die doch größere Mädchen nehmen.

Also, Leute, meine Eltern sind jetzt unter die Energiesparer gegangen. Das ist ja vielleicht ein Streß! Die laufen seitdem dauernd mit zerstochenem Gesicht herum. – Ja, die machen beim Abendessen immer das Licht aus.

Aber wenn i c h mal Energie sparen will, dann sind sie am meckern. Neulich auch wieder, sollte ich unsere Teppiche klopfen, schrie meine Mutter oben aus dem Fenster: „Du mußt den Teppich fester klopfen!" Habe ich zurückgerufen: „Das geht nicht, dann staubt es ja!"

Na, ich weiß nicht, manche Erwachsene sind einfach zu dumm. War ich neulich in der Apotheke, sollte ich Tabletten für meinen Vater holen. Fragt mich der Apotheker: „Willst du die Pillen in einer Schachtel?" Ich sage: „Ja, meinen Sie vielleicht, ich will sie einzeln nach Hause rollen?"

Ich wollte ja, wenn ich groß bin, eigentlich Fußballprofi werden. Aber das mache ich jetzt doch nicht. Ich habe gestern erfahren, daß die sich nach jedem Spiel duschen!

Wißt ihr eigentlich, wie viele Gebote es gibt? *(Warten)* Ja, genau richtig, zehn Gebote gibt es. Und wißt ihr auch, was passiert, wenn ihr eines von den zehn Geboten brecht? *(Warten)* Dann sind es nur noch neun!

Also nun bleibt hübsch anständig bis zum nächsten Jahr! Und weiterhin viel Vergnügen wünscht euch

die Doof Nuß.

ANSAGER: Wenn wir diesen Sketch gesehen, werden wir sehr schnell verstehen, warum sich ein Vater Sorgen macht. Ich hoffe, daß ihr trotzdem lacht.

Vater und Sohn (1)

Zwiegespräch

(Der Vater sitzt am Tisch und liest Zeitung.)

SOHN *(betritt die Bühne):* **Hallo, Papa.**
VATER *(legt die Zeitung zur Seite):* Gut, daß du kommst. Hör mal zu, Bürschchen, gerade hat sich Frau Maier bei mir beschwert. Warum hast du ihren Sohn, den Gerd, eigentlich mit Steinen beworfen?
SOHN: Ich durfte ja nicht dichter dran, der hat Keuchhusten.

VATER: Du weißt, daß du eine Tracht Prügel verdient hast. Du solltest dir mal ein Beispiel am Stefan nehmen. Sein Vater hat ihn noch nie verhauen müssen.
SOHN: Vielleicht solltest du dir ein Beispiel an Stefans Vater nehmen.

VATER *(droht mit dem Finger):* Paß auf, Bürschchen! – Warum spielst du eigentlich nicht mit dem Stefan?
SOHN: Na, sag mal ehrlich, Papa, würdest du mit jemandem spielen, der dich bei dem kleinsten Streit immer gleich verhaut?
VATER: Natürlich nicht!
SOHN: Na, siehst du, der Stefan auch nicht.

VATER: Wie war es eigentlich in der Schule?
SOHN: Fein, Papa, der Lehrer hat gesagt, wenn alle Schüler so wären, wie ich, könnte er die Schule gleich dicht machen.

VATER: Was hat dein Lehrer denn eigentlich zu deinen Rechenaufgaben gesagt, die ich gestern für dich gemacht habe?
SOHN *(druckst herum und sagt dann):* Ach, weißt du, der hat sofort gemerkt, daß du mir geholfen hast. Denn er hat gesagt, so viele Fehler könnte ich unmöglich alleine gemacht haben.

Heute haben wir im Mathematikunterricht übrigens den Hauptnenner gesucht.
VATER: Ja, ja, mein Junge, den mußten wir schon suchen, als ich noch zur Schule ging.
SOHN: Ja habt ihr ihn denn nicht gefunden!
VATER: Aber sicher haben wir den Hauptnenner gefunden!
SOHN: Dann verstehe ich nicht, daß wir den schon wieder suchen müssen.

VATER: Hast du eigentlich den Fischen frisches Wasser gegeben?
SOHN: Wieso denn? Sie haben ja noch nicht mal das alte Wasser ausgetrunken, das ich ihnen gestern gegeben habe.

Du Papa, bekomme ich Weihnachten eigentlich eine Trompete?
VATER: Nein! Du bekommst keine Trompete!
SOHN *(bettelnd):* Ach bitte, Papa, ich verspreche dir auch, daß ich nur spiele, wenn die schläfst.

Ach, Papa, erzähl Mama bitte nicht, daß ich ihr Bonbons zu Weihnachten gekauft habe, ja?

VATER: Kein Wort! Du willst sie wohl überraschen?
SOHN: Nein, ich habe sie aufgegessen.

VATER: Hast du nicht heute einen Aufsatz zurückbekommen?
SOHN *(druckst herum):* Ja.
VATER: Na, dann zeig mir doch mal bitte das Heft.
SOHN *(holt das Heft):* Hier ist es.
VATER *(kontrolliert das Heft):* Was? Fünfzehn Fehler in einem einzigen Aufsatz! Wie ist das möglich?
SOHN: Das liegt alles nur am Lehrer, der sucht ja direkt danach.

Ach übrigens, Papa, heute ist in der Schule Elternabend im ganz kleinen Kreis.
VATER: Wie soll ich denn das verstehen?
SOHN: Ja, nur der Lehrer und du.

VATER: Und das sagst du mir erst jetzt! Ab in dein Zimmer mit dir. Wenn ich deinen Lehrer gesprochen habe, reden wir weiter. *(Droht mit der Hand).*

VATER und SOHN *(gehen ab)*

(Die folgenden Blitzsketche spielen alle in einem Eisenbahnabteil, das heißt ihr könnt für alle diese Szenen die gleiche Dekoration verwenden.)
Dazu besorgt ihr euch am besten erst einmal ein großes Stück Pappe. Im Elektrogerätehandel bekommt ihr sicher eins in der gewünschten Größe. Auf dieses Stück Pappe malt ihr ein Eisenbahnfenster und darüber eine Notbremse. Vor die Pappe stellt ihr zwei Bänke auf die Bühne, die sich wie in einem Eisenbahnabteil gegenüberstehen.)

In der Eisenbahn

Blitzsketche

1. Szene

(Zwei Jungen sitzen sich in einem Eisenbahnabteil gegenüber. Einer hat eine Tüte mit Apfelkernen in der Hand.)

KARL: Was kaust du eigentlich die ganze Zeit?
HEINZ: Ich kaue Apfelkerne.
KARL *(verständnislos):* Apfelkerne? Warum kaust du denn Apfelkerne?
HEINZ: Das fördert die Intelligenz, davon wird man unheimlich klug.
KARL: Hm? Kann ich auch ein paar haben?
HEINZ: Ja, gerne, aber die Kerne kosten pro Stück eine Mark.
KARL: Na, dann gib mir mal drei Stück. *(Kramt Geld aus der Tasche)*
HEINZ *(nimmt das Geld und gibt ihm drei Kerne aus der Tüte)*
KARL *(kaut):* Mensch, für drei Mark hätte ich mir ja eine riesige Tüte Äpfel kaufen können.
HEINZ: Siehst du! Die Kerne wirken schon.

2. Szene

(Im Abteil sitzt ein Mann. Eine Mutter mit ihrer Tochter betritt das Abteil.)

MUTTER: Entschuldigen Sie, ist diese Bank noch frei?
MANN: Ja, bitte setzen Sie sich.
(Mutter und Tochter setzen sich)
MUTTER: Wohin soll denn Ihre Reise gehen?
MANN: Nach München.
MUTTER: Ach, nach München? Wir fahren nach Hamburg.
TOCHTER: Also, weißt du, Mama, die Bundesbahn ist doch eine wunderbare Einrichtung. Der Herr fährt nach München und wir fahren nach Hamburg, also in die ganz entgegengesetzte Richtung. Trotzdem sitzen wir im selben Zug. Nur, daß der Herr rückwärts fährt und wir vorwärts.

3. Szene

(Ein Junge und eine Dame sitzen sich im Abteil gegenüber.)

JUNGE *(zieht eine Schachtel Zigaretten aus der Tasche):* Gestatten sie, daß ich mir eine Zigarette anzünde?
DAME: Tun Sie nur so, als ob Sie zu Hause wären.
JUNGE *(zerknirscht):* Wie schade! *(Steckt die Zigaretten wieder in die Tasche.)*

4. Szene

(Zwei Männer sitzen sich im Zugabteil gegenüber.)

1. MANN: Könnten Sie wohl mein rechtes Bein auf den Sitz legen?
2. MANN: Aber gerne! *(Erfüllt den Wunsch)*
1. MANN: Könnten Sie das Bein wohl etwas mehr nach links schieben?
2. MANN *(macht es):* Ist es so recht?

1. MANN: Ja, wunderbar. Wenn Sie mir jetzt bitte noch mein Kissen aus dem Koffer holen würden.
2. MANN *(holt das Kissen und hält es hoch):* Meinen Sie dieses?
1. MANN: Ja, genau jenes, wundervoll! Würden Sie mir das Kissen wohl in den Rücken legen?
2. MANN *(macht es und setzt sich hin):* Jetzt würde mich ja doch interessieren, was Ihnen eigentlich fehlt. Sind Sie krank?
1. MANN *(erstaunt):* Ich? Wo denken Sie hin? Mir fehlt gar nichts, ich habe nur Urlaub!

Zwischendurch bemerkt

Besser einen zu kurzen Absatz,
als einen zu langen Aufsatz.

*

Ein dreifaches Hoch auf die Schule!
Am besten so hoch, daß keiner mehr drankommt.

*

Staubfreie Luft,
weg mit der Kreide!

*

Lieber eine richtige Zirkusnummer,
als eine falsche Telefonnummer.

*

Umweltschutz ist möglich:
Baut Obst an, statt Schulen.

*

Weg mit der Zahnbürste!
Freie Entfaltung für Karies!

*

Lieber handfest,
als kopflos!

*

Öfters mal E i n s a t z
ist besser, als eine ganze Geschichte.

*

Was du morgen kannst dir borgen,
macht dir heut noch keine Sorgen.

*

Besser standhaft,
als fahrlässig!

*

Lieber aalglatt,
aber haarsträubend!

*

Schont eure Lehrer!
Schwänzt die Schule!

*ANSAGER: Und weiter geht's hier ohne Pause,
ihr könnt noch lange nicht nach Hause.
Klein Susi kommt jetzt zu uns raus,
empfangen wir sie mit Applaus.*

Klein Susi (1)

Büttenrede

(Klein Susi erscheint in einem kurzen Kleidchen, in den Haaren hat sie zwei rote Schleifen.)

Hallo, Leute, heute habe ich Zeit. Ja, wirklich, ich brauch nämlich keine Hausaufgaben zu machen. Nee, unser Lehrer sah so krank aus, ich glaube, der kriegt eine Grippe und kommt morgen nicht in die Schule.

Ach, das ist ein Typ unser Lehrer, der weiß überhaupt nicht, was er will. Gestern hat er gesagt, fünf und fünf sind zehn. Und heute sagt er, sieben und drei sind zehn. Was soll ich denn nun glauben?

Ach, und überhaupt, der kann sich vielleicht anstellen. Bin ich heute morgen zu spät gekommen. Meinte er zu mir: „Willst du dich für deine Verspätung nicht entschuldigen?" – „Nee", habe ich gesagt, „mein Vater sagt immer, zum Lernen ist es nie zu spät."

Das ist sowieso eine schreiende Ungerechtigkeit. Ich habe doch jetzt erfahren, daß die Lehrer Geld dafür kriegen, daß sie in die Schule gehen. – Ist das nicht unverschämt? – Wir müssen arbeiten und die kriegen unseren Fleiß auch noch bezahlt!

Ach ja, die Erwachsenen, das ist schon so eine Sorte für sich. Die machen doch immer alles verkehrt. Auch meine Mutter! Wenn ich hellwach bin, dann schickt sie mich ins Bett. Wenn ich aber hundemüde bin, dann weckt sie mich und schickt mich in die Schule.

Neulich war ja meine Tante bei uns, das ist auch so eine komische Nudel. Mußte ich doch fürchterlich husten, da meint sie zu mir: „Susi, wenn man hustet, hält man sich die Hand vor den Mund!" Hab ich gesagt: „Das habe ich schon versucht, Tante, aber dann muß ich trotzdem husten."

Als meine Tante gehen wollte, hat sie mich doch wahrhaftig noch gefragt, ob ich sie nicht zum Bus bringen würde. Da habe ich gesagt: „Nein, Tante, das kann ich nicht. Sofort wenn du gegangen bist, essen wir Abendbrot."

Ich lasse mir ja jetzt nur noch von meiner Oma den Lebertran geben. Ja die zittert so, daß sie immer die Hälfte verschüttet.

So Leute, jetzt muß ich aber schnell los. Ja, ich muß noch die Polizei anrufen. Ich habe nämlich gesehen, daß mein Klassenlehrer im Halteverbot steht. Die sollen dem mal schleunigst einen Strafzettel verpassen.

(Es spielen mit: der Chef der Holzgroßhandlung und sein Lehrling. Auf der Bühne steht ein Tisch mit einem Telefon. An diesem Tisch sitzt der Chef der Holzgroßhandlung. Außerdem steht in der entgegengesetzten Ecke der Bühne eine Telefonzelle, die ihr aus Pappe herstellen könnt.)

In einer Holzgroßhandlung
Sketch

CHEF	*(laut):* Franz, kommst du mal!
LEHRLING	*(kommt):* Sie haben mich gerufen, Herr Bader?
CHEF:	Ja, paß mal auf, Franz. Ich muß mal eben zur Bank. Du paßt in der Zeit bitte auf das Telefon auf. Sei immer höflich, wenn jemand anruft! Und sage niemals, das haben wir nicht.
LEHRLING:	Ist in Ordnung, Chef.
CHEF	*(geht)*
LEHRLING	*(setzt sich stolz an den Tisch, hebt mal probehalber den Telefonhörer ab und legt wieder auf)*
CHEF	*(steht in der Nähe der Telefonzelle):* Ich glaube, ich werde mal kontrollieren, ob der Franz das auch richtig macht. *(Geht in die Telefonzelle)*
LEHRLING	*(nimmt den Hörer ab):* Hier Holzgroßhandlung Bader, was kann ich für Sie tun?
CHEF:	Haben Sie Astlöcher?
LEHRLING:	Ja, natürlich haben wir Astlöcher.
CHEF:	Wieviel könnten Sie liefern?
LEHRLING:	Im Augenblick leider kein einziges.
CHEF	*(erstaunt):* Warum denn nicht?
LEHRLING:	Wir haben ausverkauft. Die Astlöcher wurden alle nach Amerika exportiert.
CHEF:	Was machen die in Amerika denn mit den Astlöchern?
LEHRLING:	Arschlöcher für Schaukelpferde.

ANSAGER: Wenn man zu Hause Geschwister hat, kommt bestimmt nie Langeweile auf. So geht es auch den beiden Geschwistern, die wir im nächsten Sketch beobachten können.

Bruder und Schwester

Zwiegespräch

(Bruder und Schwester sitzen sich an einem Tisch gegenüber und machen ihre Hausaufgaben. Neben dem Tisch stehen zwei Schultaschen.)

BRUDER: Sandra, kannst du mir die Mehrzahl von Baum nennen?
SCHWESTER: Aber sicher, das ist der Wald.

Du, hier in meinem Geschichtsbuch, steht neben Columbus ganz dick die Zahl 1492. Weißt du, was das bedeuten soll?
BRUDER: Wahrscheinlich seine Telefonnummer.

Was sagst du dazu, Sandra?
SCHWESTER: Wozu?
BRUDER: Weißt du tatsächlich nicht, was gestern am Bahnhof vorgegangen ist?
SCHWESTER *(beugt sich vor):* Nein, erzähl mal!
BRUDER *(flüsternd):* Na, die Bahnhofsuhr.

SCHWESTER: Ach, Jens, kannst du mir ein Foto von dir schenken?

BRUDER: Ja, aber wozu brauchst du das denn?
SCHWESTER: Wir sollen morgen zur Schule Bilder von Naturkatastrophen mitbringen, und da wäre ein Bild von dir das geeignetste.

BRUDER: Das mußt du gerade sagen, du mit deinen krummen Beinen. Durch deine Beine kann ja bequem ein Ferkel durchlaufen.
SCHWESTER *(springt auf):* Ja, dann versuch es doch mal.

BRUDER: Also, das sage ich dir, wenn ich groß bin, gehe ich auf Elefantenjagd.
SCHWESTER *(erstaunt):* Ist das wahr? Wie machst du das denn?
BRUDER: Na, das ist doch ganz einfach. Ich nehme mir eine Telefonzelle und ein Fahrrad und geh damit nach Afrika. Dort stelle ich die Telefonzelle mit offener Tür auf, setze mich auf mein Fahrrad, fahre im Kreis immer um die Telefonzelle herum und klingele dabei. Dann kommt ein Elefant und denkt, das Telefon läutet für ihn. Wenn er in die Zelle geht, renne ich schnell hin und sperre die Zelle zu; dann habe ich den Elefanten gefangen.

SCHWESTER: Hast du schon was für Papas Geburtstag besorgt? Also, ich habe so viel für Papa, daß er es gar nicht alles auf einmal tragen kann.
BRUDER: Toll! Was hast du denn alles?
SCHWESTER: Zwei Krawatten.

BRUDER: Ich habe es übrigens geschafft, daß der Opa nicht mehr an den Fingernägeln kaut.
SCHWESTER: Ja! Wie denn?
BRUDER: Ich habe seine Zähne versteckt.

SCHWESTER: Verstecken, das ist eine gute Idee. Wollen wir nicht mal Papas Zigaretten verstecken, Jens.
BRUDER *(begeistert):* O ja! Dann hören wir wieder so tolle Wörter, die wir noch nicht kennen.

(Beide gehen ab)

Die Waschmaschine

Sketch für ein Mädchen

(Für diese Szene müßt ihr euch aus einem großen Pappkarton, den ihr mit Tapete beklebt, eine Waschmaschine bauen. Siehe Abbildung. Für die Knöpfe verwendet man am besten Toiletten-papierrollen.
In die Waschmaschine legt ihr vor Beginn der Szene ein weißes Hemd und ein großes Handtuch. Ein gleichfarbiges kleines Gästehandtuch legt ihr auf die Waschmaschine.)

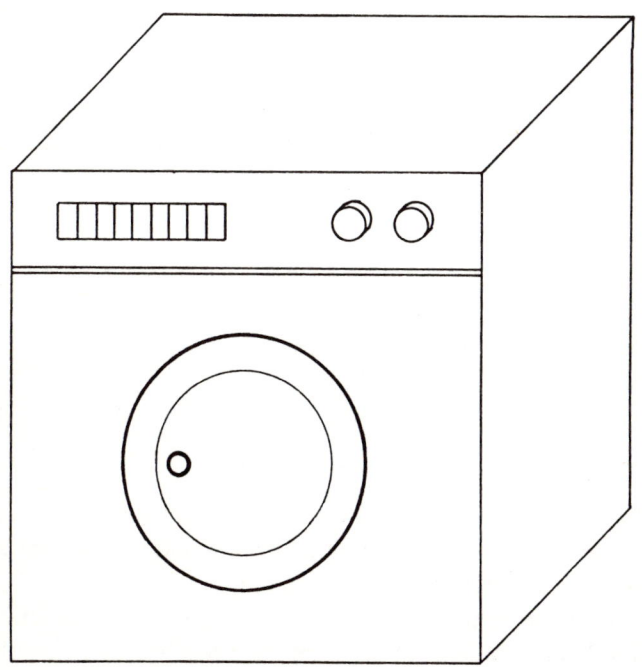

Hallo Leute, ihr wundert euch sicher, warum ich meine Waschmaschine mitgebracht habe. Aber das muß ich euch erzählen. Kam vor ein paar Wochen einer an meine Haustür, mit genau dieser Waschmaschine.
„Meine Dame", hat er zu mir gesagt, „diese Maschine müssen Sie unbedingt besitzen, sie ist das Beste, was derzeit auf dem Markt ist. Passen Sie auf: Sie haben dreckige Blusen, – Blusen rein, Seife rein, Klappe zu, angestellt, wischwasch, wischwasch und die Blusen sind sauber."
(Die Worte durch Gesten an der Waschmaschine unterstützen. Also die Klappe auf- und zumachen.)
„Meine Dame, Sie haben dreckige Röcke, – Röcke rein, Seife rein, Klappe zu, angestellt, wischwasch, wischwasch und die Röcke sind sauber. – Ihr Mann hat dreckige Socken, – Socken rein, Seife rein, Klappe zu, angestellt, wischwasch, wischwasch und die Socken sind sauber. –
Passen Sie auf: Ihr Baby hat dreckige Windeln..."
„Ja", unterbrach ich ihn in seinem Redefluß. „Ich weiß schon: Windeln rein, Seife rein, angestellt und die Windeln sind sauber."
„Nein, nein", grinst der mich an, „dann haben Sie den ganzen Dreck im Gesicht, Sie haben nämlich vergessen die Klappe zuzumachen!"

Danach hat der Mann die Waschmaschine noch demonstriert. Hat er ein Hemd meines Mannes gewaschen. Nach kurzer Zeit holt er das Hemd mit einem strahlenden Lächeln aus der Waschmaschine *(Hemd rausholen)* und sagt: „Na, ist das ein Weiß!"
„Ja, sicher", habe ich gesagt, „aber vorher war das Hemd kariert."

Ich habe mir die Maschine aber trotzdem gekauft. Dann habe ich etwas dran rumgebastelt, und jetzt kann ich unwahrscheinlich viel Geld damit sparen.
(Das Gästehandtuch vorzeigen) Ich kaufe jetzt nur noch so kleine Handtücher und dann... aber seht selber.

(Gästehandtuch in die Maschine stecken, dann einen Moment warten und das Gästehandtuch wieder rausholen und mit enttäuschtem Gesicht entfalten. – Doch dann strahlen.)
Ach, wir haben etwas vergessen, da gehört ja auch noch ein Zauberspruch zu. Dabei müßt ihr mir aber helfen. *(Gästehandtuch erneut in die Waschmaschine stecken).*
So, jetzt müßt ihr mir helfen. Der Zauberspruch heißt: Hokuspokus wischwasch malokus. So und jetzt alle zusammen: Hokuspokus wischwasch malokus.
(Feierlich die Waschmaschine öffnen und freudestrahlend das große Handtuch entfalten, dann Abgang.)

ANSAGER: *Wenn sich zwei Nachbarinnen auf der Straße begegnen, haben sie sich immer etwas zu erzählen. So ist das auch bei Frau Meier und Frau Schmidt, die jetzt auf die Bühne kommen. Empfangen wir sie mit Applaus!*

Zwei Nachbarinnen (1)

Zwiegespräch

(Frau Schmidt hat ein Einkaufsnetz in der Hand, in dem sich gut sichtbar 6 bis 10 Toilettenpapierrollen befinden. Beide Frauen tragen einen Mantel und einen alten Hut.)

MEIER: Sieh an, die Frau Schmidt! Haben Sie soviel Toilettenpapier gekauft?
SCHMIDT: Ja, meinen Sie vielleicht, ich habe es aus der Reinigung geholt, Frau Meier?

Aber gut, daß ich Sie treffe. Sind Sie eigentlich immer noch Kassiererin im Kino?
MEIER: Aber sicher doch!
SCHMIDT: Das ist gut! Könnten Sie mir da nicht ab und zu ein paar Eintrittskarten umsonst besorgen?
MEIER: Natürlich! Aber Sie sind doch bei der Sparkasse angestellt?
SCHMIDT: Stimmt, ein sehr verantwortungsvoller Posten.
MEIER: Dann könnten Sie mir ja als kleine Gegenleistung für die Eintrittskarten ab und zu ein paar Geldscheine zukommen lassen.

	Aber das muß ich Ihnen mal sagen. Mein Mann der hat ja überhaupt keine Manieren. Immer wenn ich rede, dann gähnt der.
SCHMIDT:	Vielleicht gähnt der gar nicht und will nur auch mal zu Wort kommen.
	Ach, Frau Meier, Ihre Tochter war doch im Ferienlager. Welche Eindrücke hat sie denn so mitgebracht?
MEIER:	Eindrücke? Nicht der Rede wert! Aber die Ausdrücke, ich sage Ihnen fürchterlich!
	Wir haben uns ja jetzt eine Ziege angeschafft.
SCHMIDT:	Aber Sie haben doch gar keinen Stall für die Ziege.
MEIER:	Das ist nicht so schlimm, die steht auf unserem Balkon.
SCHMIDT:	Aber nachts ist es dort doch fürchterlich kalt.
MEIER:	Dann holen wir die Ziege ins Schlafzimmer.
SCHMIDT:	Aber der Gestank im Zimmer!
MEIER:	Da muß sich die Ziege dran gewöhnen.
SCHMIDT:	Also, ich finde es ja unverschämt, was man sich von den Lehrern alles bieten lassen muß. Muß doch mein Sohn in der Schule mit unechten Brüchen rechnen. Dabei haben wir schließlich Geld genug und wir können es uns leisten, daß er mit echten Brüchen rechnet.
MEIER:	Ja, ja, Frau Schmidt, man hat es schon schwer im Leben. Mein Mann zum Beispiel, der hat eine fürchterliche Angewohnheit. Der geht nie vor drei Uhr morgens schlafen.
SCHMIDT:	Das ist ja grauenhaft, was macht er denn so lange?
MEIER:	Er wartet immer, bis ich nach Hause komme.
SCHMIDT:	Also, da ist das bei uns ja ganz anders. Mein Mann und ich haben das Motto: Schlafen ist gesund. Wir gehen jeden Abend mit den Hühnern ins Bett.

MEIER: Ach du liebe Zeit, da muß Ihre Bettwäsche ja fürchterlich aussehen.

Übrigens, Frau Schmidt, wir ziehen um und werden bald in einer schöneren Gegend leben.
SCHMIDT: Und wir in einer ruhigeren.
MEIER: Wie? Ziehen Sie auch um?
SCHMIDT: Nein! Wir bleiben hier!

MEIER: So, jetzt muß ich aber gehen. Ich will noch schnell ins Lebensmittelgeschäft, ehe die schließen. Ich muß nämlich noch runde Suppenwürfel kaufen.
SCHMIDT: Warum denn runde Suppenwürfel?
MEIER: Na, mein Mann kann die eckigen so schlecht schlucken. – Also Tschüß, Frau Schmidt.
SCHMIDT: Tschüß, Frau Meier.

(Für die folgenden Szenen braucht ihr einen Tisch, auf dem verschiedene Dinge zum Verkauf ausliegen. Vorne am Tisch könnt ihr mit Klebstreifen einige Titelblätter von Zeitschriften befestigen, dann sieht das Ganze noch echter aus. Die Titelblätter bekommt ihr, wenn ihr höflich fragt, beim Zeitschriftenhändler in eurer Nähe.)

Im Verkaufsladen

Blitzsketche

1. Szene

(Eine Dame betritt den Laden.)

DAME: Ich hätte gerne ein Paar Krokodilschuhe.
VERKÄUFER: Natürlich, gnädige Frau. Welche Schuhgröße hat denn Ihr Krokodil?

2. Szene

(Ein kleines Mädchen betritt den Laden.)

MÄDCHEN: Was kostet denn eine Tafel Schokolade?
VERKÄUFER *(lächelt):* Weil du es bist, einen Kuß.
MÄDCHEN: Klasse! Dann geben Sie mir doch bitte zehn Tafeln. Meine Oma kommt morgen vorbei und bezahlt.

3. Szene

(Ein Junge betritt den Laden.)

JUNGE: Ich hätte gerne einen Briefumschlag.

VERKÄUFER: Soll es ein einfacher oder ein gefütterter Umschlag sein?
JUNGE (überlegt einen Moment): Ach, wissen Sie was, geben Sie mir einen gefütterten. Dort, wo der Brief hingehen soll, ist es sehr kalt.

4. Szene

(Eine Dame betritt den Laden.)

VERKÄUFER: Was darf es sein?
DAME: Ich hätte gerne eine Zitrone, eine Zwiebel und eine Schachtel Streichhölzer.
VERKÄUFER *(legt das Gewünschte auf den Ladentisch):* Darf es sonst noch etwas sein?
DAME: Nein, danke, das ist alles. Aber ich möchte mich nicht so abschleppen. Können Sie mir die Sachen in die Wohnung liefern.
VERKÄUFER: Tut mir leid, meine Dame, das ist leider unmöglich. Unser Lastwagen ist gerade mit einem Suppenwürfel unterwegs.
DAME *(zieht beleidigt ab)*

ANSAGER: Schon kommt der nächste Redner dran,
es ist ein Arzt, der sehr viel kann.

Doktor Wirdschonwerden

Büttenrede

(Der Vortragende tritt im weißen Kittel auf.)

    Habt ihr irgendwo Beschwerden,
    kommt zu mir, ich helf euch dann.
    Ich bin der Doktor Wirdschonwerden,
    der fast alles heilen kann.

Gestern kam einer in meine Praxis und sagte: „Ach, Herr Doktor, mein Schielen hat sich verschlimmert, wenn ich weinen muß, laufen mir die Tränen den Rücken herunter." – „Ach", habe ich gesagt, „wird schon werden, benutzen Sie einfach ein größeres Taschentuch."

Der war sich auch dauernd am Kratzen. Habe ich ihm gefragt: „Warum kratzen Sie sich eigentlich dauernd?" Meint der: „Weil ich der einzige Mensch bin, der weiß, wo es mich juckt."

„Und außerdem", sagte er, „höre ich dauernd Stimmen, aber ich sehe niemanden." „Hm", habe ich gesagt, „und wann ist das, daß Sie Stimmen hören, aber niemand sehen?" – Stöhnte der: „Immer, wenn ich telefoniere."

Ja, da kommen schon Typen in meine Praxis. Neulich war so ein ganz Dicker da. „So", habe ich gesagt, „mit Ihnen das wird schon werden. Ich schreibe Ihnen jetzt eine Riesendose mit Pillen auf." Meinte der: „Das ist nett von Ihnen, Herr Doktor, und wie oft muß ich die Pillen einnehmen?" Sage ich: „Einzunehmen brauchen Sie die Pillen überhaupt nicht. Verstreuen Sie sie zweimal täglich im Zimmer und heben Sie sie anschließend alle wieder auf, dann wird es schon werden. Was meinen Sie, wie schlank Sie nach ein paar Monaten sind."

Aber einmal bin ich ja sauer geworden. Den Patienten habe ich richtig angeschrien: „Seit Wochen behandele ich Sie jetzt auf Gelbsucht, und heute sagen Sie mir, daß Sie Chinese sind!"

Rief einer bei mir an: „Herr Doktor, ein Schäferhund hat mich ins Bein gebissen." „Oh", sagte ich besorgt, „haben Sie etwas draufgetan?" „Nein", meinte der, „es hat ihm auch so geschmeckt."

War gestern einer bei mir und klagte: „Ach, Herr Doktor, letzte Nacht hatte ich einen fürchterlichen Traum. Ich träumte, ich wäre ein Ochse und würde einen Haufen Gras fressen." „Nun", habe ich gesagt, „das wird schon werden, das ist doch halb so schlimm." „Halb so schlimm?" schrie der, „halb so schlimm?! Als ich aufwachte, war meine ganze Matratze weg!"

Jammerte der: „Und außerdem, Herr Doktor, sehe ich alles doppelt." „Ach", sagte ich, „wird schon werden, drücken Sie doch einfach ein Auge zu."

Vorhin war ein Schüler bei mir und klagte: „Ach, Herr Doktor, ich rede dauernd im Schlaf." „Na", sagte ich, „das wird schon werden, so schlimm ist das doch nicht. Oder stört das deine Eltern?" „Nein", meinte er, „das nicht, aber alle Schüler in der Klasse lachen über mich."

„Und dann habe ich dauernd Beschwerden mit der Nase und den Ohren", fuhr er fort. „Sie sind mir ständig im Weg, wenn ich meinen Pullover ausziehe."

    Stört die Nase, stört das Ohr,
    Leute, tragt es mit Humor.
    Es ist alles halb so schlimm auf Erden,
    das sagt euch Doktor Wirdschonwerden.

ANSAGER: *Hören wir uns nun an, was uns eine Mutter und eine Tochter zu sagen haben.*

Mutter und Tochter

Sketch

(Die Mutter sitzt an einem Tisch und strickt. Die Tochter kommt einen Augenblick später auf die Bühne, trägt einen schmutzigen Rock und hat schmutzige Hände.)

MUTTER *(entsetzt):* Wie siehst du denn aus?!
TOCHTER: Ich bin in eine Pfütze gefallen.
MUTTER: Mit deinen guten Sachen?
TOCHTER: Ja, ich hatte leider keine Zeit, mich vorher noch umzuziehen.

MUTTER: So, komm setz dich erst mal hin, waschen kannst du dich gleich, bevor du zu Bett gehst. Wir haben uns ja heute noch gar nicht über die Schule unterhalten.
TOCHTER *(setzt sich)*
MUTTER: Was hattest du heute eigentlich in der letzten Schulstunde?
TOCHTER: Hunger.

MUTTER: Nein, ich möchte wissen, ob irgend etwas Besonderes war in der Schule.
TOCHTER: Ja, du, Mama, der Gerd hat in der Pause mit einem Mädchen aus der Klasse Doktor gespielt.

MUTTER: Na, das ist doch nicht schlimm, mein Kind.
TOCHTER: Naja, Mama, der Blinddarm mußte sicher sowieso mal raus.

MUTTER: Du lenkst dauernd vom Thema ab. Ihr habt doch heute Zeugnisse bekommen oder nicht?
TOCHTER (druckst herum): Ja, Mama.
MUTTER: Und? Wo hast du dein Zeugnis?
TOCHTER: Ach, das habe ich der Verena geliehen, die wollte damit ihre Mutter erschrecken.

MUTTER (entsetzt): Was?! So schlecht ist dein Zeugnis? Was soll ich nur dazu sagen?
TOCHTER: Na, das was du früher auch immer gesagt hast, wenn mir etwas Unerfreuliches widerfahren ist.
MUTTER: Und was habe ich da gesagt?
TOCHTER: Hauptsache, du bist gesund, mein Kind.

MUTTER: Gesund! (Schüttelt den Kopf) Gesund. Hast du eigentlich heute schon deinen Lebertran eingenommen.
TOCHTER: Ja, Mama.
MUTTER: Einen Löffel voll?
TOCHTER: Ach, Mama, ich konnte keinen Löffel finden, da habe ich eine Gabel genommen.

Du, Mama, weißt du eigentlich, wieviel Zahnpasta in einer Tube ist?
MUTTER: Nein, das steht doch sicher auf der Tube.
TOCHTER: Ja, aber da steht das nur in Gramm drauf. Ich weiß jetzt auch, wieviel Meter das sind. Ich habe ganz genau nachgemessen. In deiner Tube sind zwei Meter und neunzehn Zentimeter.

MUTTER: Weißt du eigentlich, wo die Oma ist?
TOCHTER: Ja, sicher. Die Oma probiert die neue Kühltruhe aus.

MUTTER: Und was hat sie zu der neuen Kühltruhe gesagt?
TOCHTER: Nichts, sie sitzt noch drin.

MUTTER *(springt entsetzt auf):* Was, da muß ich ja sofort runter. Und du gehst jetzt ins Bett.
TOCHTER: Mama, darf ich noch lesen, bis ich einschlafe?
MUTTER *(im Rausgehen):* Ja, aber keine Minute länger!

ANSAGER: *Den richtigen Beruf zu finden,*
ist heutzutage ziemlich schwer.
Um euch dabei zu helfen,
kommt jetzt ein Berufsberater her.

Ein Berufsberater

Büttenrede

(Für diese Büttenrede müßt ihr erst einmal die sieben Zeichnungen, die ihr im Folgenden findet, anfertigen. Dazu braucht ihr ziemlich großes Papier. Das bekommt ihr, wenn ihr mal nachfragt, vielleicht in einer Zeitungsdruckerei – das Ende einer Papierrolle. Wenn ihr nicht so gut zeichnen könnt, helft euch mit dem Episkop eurer Schule und malt so die Bilder dieses Buches nach.)

Gerade in der heutigen Zeit könnt ihr euch gar nicht früh genug nach einem geeigneten Beruf umsehen. Ich werde euch jetzt einige Berufe vorstellen, in denen besonders gute Zukunftsaussichten vorhanden sind.

Da haben wir als erstes den Beruf des Tortenhebers. *(Bild zeigen)* Gerade der Beruf des Tortenhebers ist momentan sehr gefragt. So viele Menschen möchten abnehmen, aber immer wieder liegen die leckersten Torten in greifbarer Höhe. Darum ist es die Aufgabe des Tortenhebers, die Torten so hoch zu heben, daß keiner mehr drankommt. Voraussetzungen für diesen Beruf sind: Gute Muskeln und am besten ein Lehrgang in Bodybuilding.

Als zweites kann ich sehr empfehlen den Beruf des Kolbenfressers. Da das normale Getreide jetzt als Viehfutter verwandt werden soll, werden dringend Leute gesucht, die die große Anzahl von Maiskolben *(Bild zeigen)* verzehren, die sonst vernichtet werden müßten. Voraussetzungen, die ihr für den Beruf des Kolbenfressers mitbringen müßt, sind: Ein Magen wie ein hochherrschaftlicher Spülstein. Der Beruf ist für Gebißträger ungeeignet.

Auch bei den Bäckern soll jetzt die Deutsche Industrie-Norm eingeführt werden. Aus diesem Grunde ist der Beruf des Brotmessers ein ausgesprochener Mangelberuf. *(Bild zeigen)* Es fehlt an allen Ecken und Enden an ausgebildeten Kontrolleuren, die die vorgeschriebene Brotlänge nachmessen und den Bäckern ein wenig auf die Finger sehen. Voraussetzungen, die ihr für diesen Beruf mitbringen müßt, sind: Ihr müßt die Zahlen von 1-50 kennen.

Wir kommen nun zu einer Berufsgruppe, die gerade in der letzten Zeit einen ungeheuren Aufschwung erlebt. Denn wie ihr sicher schon gehört habt, setzt sich immer mehr der Trend zur Zweithose durch. Darum ist der Beruf des Hosenträgers sehr gefragt. *(Bild zeigen)* Er ist dafür verantwortlich, daß man die Zweithose immer dann zur Hand hat, wenn man sie gerade braucht.

Da es mit dem Umweltschutz nicht so schnell vorangeht, wie man eigentlich hoffen sollte, kommt der Beruf des Wäschetrockners *(Bild zeigen)* immer mehr in Mode. Welche Hausfrau setzt ihre Wäsche der schlechten Luft schon gerne länger als nötig aus? Da ruft sie doch lieber einen staatlich geprüften Wäschetrockner zur Hilfe. Voraussetzung: Gute Lungen.

Da die Zigaretten immer teurer werden, greifen viele Menschen in ihrer ständig größer werdenden Freizeit gerne zur Pfeife. Damit ihre Pfeifen von der häufigen Benutzung nicht unansehnlich werden, stellen sie gerne einen Pfeifenputzer ein *(Bild zeigen),* der für den nötigen Glanz sorgt.

Zum Schluß komme ich noch zu einem Beruf, der sich besonders als Ferienjob für Schüler eignet. Gerade zur Zeit der Osterferien müssen in dieser Berufsgruppe immer wieder Hilfskräfte eingestellt werden. Es handelt sich um den Beruf des Eierwärmers. *(Bild zeigen)* Denn ihr wißt ja selbst, wie viele Menschen sich darüber beklagen, daß das Osterei immer zu kalt ist. Hier ist für den Eierwärmer ein großes Betätigungsfeld. Voraussetzungen für diesen Beruf: Der Besitz einer sauberen Hose.

Ich hoffe, auch für euch war der richtige Beruf bei meinen Vorschlägen. Ansonsten besucht mich bitte im Arbeitsamt. Dort werde ich euch mit weiteren attraktiven Berufen bekannt machen. Zum Beispiel mit dem des Nachtfalters, – aber darüber mehr in meinem Büro.

Prima Ausreden für Schüler

Zuspätkommen:
Ich konnte keinen Parkplatz für mein Fahrrad finden.

*

Nichtgrüßen des Lehrers:
Ich wollte nicht stören.

*

Nicht aufpassen:
Ich bin sowieso schwerhörig.

*

Schwätzen:
Sie reden doch auch die ganze Zeit.

*

Strafarbeiten vergessen:
Die sind sowieso verboten.

*

Abschreiben:
Das war Notwehr.

*

Verprügeln eines Schülers:
Ich wollte Ihnen die Arbeit abnehmen.

*

Zertrümmern einer Scheibe:
Ich dachte, da wäre keine.

*

Rauchen auf dem Schulhof:
Auf der Toilette sind zu viele.

*

Rauchen auf der Toilette:
Auf dem Schulhof war es mir zu kalt.

*

Verlassen des Schulhofes:
Ich wollte mal nachsehen, ob auch keiner den Schulhof verlassen hat.

*

Nicht aufpassen:
Ich bekomme sowieso Nachhilfeunterricht.

(An einem Tisch sitzt ein Mann mit sorgenvollem Gesicht. Später erscheint der Arzt mit seiner Bereitschaftstasche).

Der Hausbesuch

Sketch

MANN *(ruft in Richtung Nebenzimmer):* Junge, es kann nicht mehr lange dauern, der Onkel Doktor wird jeden Augenblick hier sein. *(Es läutet, der Mann steht auf und öffnet die Tür)* Gut, daß sie kommen, Herr Doktor.
ARZT: Guten Tag, Herr Schulte, wo liegt denn unser Patient?
MANN: Dort im Nebenzimmer.
ARZT *(geht ins Nebenzimmer)*
MANN *(setzt sich wieder an den Tisch)*
ARZT *(kommt wieder):* Könnten Sie mir wohl einen Schraubenzieher geben, Herr Schulte?
MANN: Aber natürlich. *(Holt den Schraubenzieher)*
ARZT *(geht wieder ins Nebenzimmer. Kommt nach kurzer Zeit wieder heraus):* Könnten Sie mir wohl einen Hammer geben?
MANN: Ja, ja! *(Holt den Hammer)*
ARZT *(geht wieder ins Nebenzimmer. Kommt nach kurzer Zeit wieder heraus):* Könnten Sie mir wohl auch noch einen Meißel geben, Herr Schulte?
MANN *(holt den Meißel und überreicht ihn dem Arzt mit zitternden Händen):* Herr Doktor, um Himmels willen, was ist denn nur mit meinem Sohn los?
ARZT: Keine Ahnung. Ich konnte ihn noch nicht untersuchen, meine Arzttasche geht nicht auf.

*ANSAGER: Jetzt erscheint hier zu eurem Spaße
Fritzchen, der Schrecken der Straße.*

Fritzchen, der Schrecken der Straße

Büttenrede

(Fritzchen erscheint in Jeans und T-Shirt. Er hat einige Sommersprossen im Gesicht.)

Wißt ihr schon, Leute, es gibt jetzt ein nagelneues Hundefutter. Da sind die Hunde ganz besonders verrückt drauf. Glaubt ihr nicht? – Doch, ist aber wahr! Da wird nämlich in jede Dose ein Stück von einer Briefträgerhose hineingeschnitten.

Neulich war bei uns zu Hause ein Wasserrohrbruch. Unsere ganze Wohnung stand unter Wasser, es war die reinste Sintflut. Da war ich wohl im Wege. Haben meine Eltern die Tante Frieda angerufen und gesagt: „Bei uns ist die Sintflut, kann unser Fritzchen zu dir kommen?" Bin ich also zur Tante Frieda gegangen. Nach einer Stunde war ich wieder zu Hause mit einem Zettel in der Hand. Hatte die Tante Frieda draufgeschrieben: „Da habt ihr euer Fritzchen wieder, schickt mir lieber die Sintflut."

Ja, die Tante Frieda ist ja sowieso sauer auf mich. Stand sie gestern bei uns im Flur und sagte: „Dieses Porträt dort ist aber von einem ziemlich schlechten Maler." Habe ich gesagt: „Das ist gar kein Porträt, das ist ein Spiegel."

Dabei ist ihr neuestes Kleid so schön, daß man – wenn man sie von hinten sieht – glaubt, sie sei von vorne hübsch.

Im Spätsommer gehen wir ja immer beim Pfarrer im Garten Kirschen pflücken. Ja, das hat der nicht gerne. Deshalb hat er wohl auch im letzten Jahr ein Schild an den Kirschbaum gehängt, auf dem stand: „Gott sieht alles!" Habe ich darunter geschrieben: „Aber er verpetzt uns nicht!"

Gestern war übrigens einer bei uns, der hat für das neue Schwimmbad gesammelt. Großzügig, wie ich nun mal bin, habe ich ihm zwei Eimer Wasser gegeben.

Ich war ja neulich beim Arzt. Hat der mir gesagt, ich soll nach einem heißen Bad noch etwas Zitronensaft trinken. – Also, das schaffe ich nicht! Wenn ich das Badewasser getrunken habe, kriege ich den Zitronensaft nicht mehr runter.

Mein Freund, der ist vielleicht blöd. Der stellt sich doch wahrhaftig mit geschlossenen Augen vor den Spiegel, um zu sehen, wie er im Schlaf aussieht.

Gestern habe ich ja meine Eltern belauscht. Hörte ich, wie meine Mutter sagte: „Wollen wir dem Fritzchen nicht mal ein Fahrrad schenken?" „Was?" rief mein Vater entrüstet, „willst du seine Schandtaten auch noch belohnen?" „Nein, das nicht", meinte meine Mutter, „aber überleg doch mal. Dann verteilen sich seine Streiche doch über ein größeres Gebiet!"

Na, dann will ich doch mal sehen, ob das Fahrrad schon da ist.

Tschüß, Leute!

ANSAGER: Wer jemals auf der Schulbank saß
und weiß, was dort geschieht.
Der weiß auch, dort gibt's manchen Spaß,
wie man im nächsten Sketch gleich sieht.

In der Schule

Sketch

(Auf der Bühne stehen drei Tische mit drei Stühlen, auf denen die drei Schüler sitzen. Der Lehrer geht durch die „Klasse".)

LEHRER: Guten Morgen, Kinder! So, jetzt nehmt mal eure Hausaufgaben heraus.
1. KIND: Herr Lehrer, darf ich nach Hause gehen? Mir ist es ganz schlecht.
LEHRER: So, so? Du siehst aber ganz gesund aus.
1. KIND: Aber gleich geht es mir bestimmt schlecht.
LEHRER: Was fehlt dir denn?
1. KIND: Meine Hausaufgaben.

2. KIND: Ich soll Ihnen einen schönen Gruß von Frau Krause bestellen. Der Jens kann heute nicht kommen, weil ihm sonst das Bett gestohlen wird.
LEHRER: Was redest du denn da für einen Unsinn! Das hat Frau Krause doch bestimmt nicht gesagt.
2. KIND: Doch, sie hat gesagt, der Jens müßte das Bett hüten.

LEHRER *(beugt sich über das 3. Kind)*: Junge, Junge, was soll nur aus dir werden? Deine Schrift kann ja kein Mensch lesen.
3. KIND: Ach, das macht ja nichts. Da werde ich eben Arzt wie mein Vater. Da langt meine Schrift.

LEHRER *(beugt sich über das 2. Kind):* Also, Junge, dein Hausaufsatz ist ja das Dümmste und Schlampigste, was ich je gelesen habe. Wer so einen Aufsatz schreibt, dem gehört das Heft rechts und links um die Ohren geschlagen. *(Nimmt das Heft und holt aus)*
2. KIND *(springt auf):* Aber doch nicht mir! Da müssen Sie schon heute nachmittag zu uns kommen, da ist mein Vater zu Hause, dann können Sie es ja versuchen.

LEHRER: Also, nein, nein, nein! Ich glaube, ich sollte wirklich mal mit deinem Vater sprechen. Heißt du nicht Braun?
2. KIND: Nein, Schwarz.
LEHRER: Also, ich bin doch nicht farbenblind!

So, jetzt kommen wir zur Naturkunde. Michael, was weißt du über den Löwen?
1. KIND: Der Löwe ist gelb, er lebt in der Steppe, hat eine lange Mähne und schreibt schlecht.
LEHRER: Was redest du denn da für einen Unsinn? Ein Löwe kann doch nicht schreiben.
1. KIND: Doch, doch! In meinem Naturkundebuch steht, der Löwe hat eine furchtbare Klaue.
(Alle lachen und reden durcheinander)

LEHRER: Ich bitte mir sofort Ruhe aus! Jedesmal, wenn ich den Mund aufmache, fängt ein I d i o t an zu reden.

Wer kann mir erklären, was Mumien sind?
3. KIND: Das sind eingemachte Könige.

2. KIND *(meldet sich)*
LEHRER: Ja, Clemens, was ist?
2. KIND: Herr Lehrer, ich muß mal eben raus.
LEHRER: Das hättest du in der Pause erledigen können, wir sind hier doch nicht mehr im Kindergarten!

LEHRER: So, nennt mir mal ein paar durchsichtige Gegenstände!
2. KIND: Glas.
3. KIND: Kristall.
LEHRER: Na, wer weiß noch etwas?
1. KIND: Das Schlüsselloch.

3. KIND *(meldet sich)*
LEHRER: Ja, Stephan, weißt du auch noch etwas?
3. KIND: Nee, Herr Lehrer, ich will bloß sagen, daß der Clemens schon hier drinnen draußen war.

LEHRER *(schaut 2. Kind an):* Schäm dich! – Und außerdem, warum hast du gestern eigentlich die Schule geschwänzt?
2. KIND: Aber, Sie haben doch selber gesagt, auch der beste Mensch kann mal fehlen.

LEHRER: Jetzt langt mir das aber mit dir! – Strafarbeit!
2. KIND *(heult, zieht die Nase hoch)*
LEHRER: Ja, hast du denn kein Taschentuch?
2. KIND: Doch, aber Ihnen leihe ich es bestimmt nicht.

LEHRER: Jetzt bin ich schon seit fast 40 Jahren Lehrer. Was meinst du, Michael, welche drei Worte ich in dieser Zeit am häufigsten gehört habe?
1. KIND: Weiß ich nicht.
LEHRER: Richtig, richtig, stimmt genau!

Wer von euch kann mir Dinge sagen, die nur einmal im Leben geschehen?
3. KIND: Man wird nur einmal geboren.
2. KIND: Man kann sich nur einmal im Leben an Giftpilzen sattessen.

LEHRER: Sehr schön! Und wer kann mir nun mal einige Getreidesorten nennen?

3. KIND: Weizen, Hafer, Roggen, Skat.
LEHRER: Aber Skat ist doch kein Getreide!
3. KIND: Doch, doch, mein Vater hat erzählt, er hätte im Urlaub viel Skat gedroschen.
LEHRER: Aha, ja, ja, ja. – Habt ihr Lümmel wenigstens euer Gedicht gelernt?
1. KIND: Der Erlkönig:
Wer reitet so spät durch Nacht und Wind?
Soll man das für möglich halten?
Es ist der Vater mit seinem Kind,
so ein Unverstand von dem Alten!
LEHRER: Halt! Was ist denn das? *(Ganz aufgeregt)* Wollt ihr mich hier ver...? Du, du, du – sechs, setzen! Komm, sag du mir das Gedicht auf!
2. KIND: Der Erlkönig:
Was rattert so spät durch Nacht und Wind?
Das ist der Vater mit seinem Kind.
Der Vater mit seinem Sohne Fritz
auf dem Moped mit Soziussitz.
LEHRER (ganz aufgebracht): Hhhhhh, nein, nein, nein! – Ihr verhunzt sämtliche Klassiker! – Los, nehmt euer Rechenbuch raus.
3. KIND: Herr Lehrer, ich habe mein Rechenbuch zu Hause vergessen.
LEHRER: Immer diese Schlamperei! Wenn du schon so ein Esel bist, dann mach es wie ich und schreib es dir auf.

So, und jetzt paß mal auf! Wir rechnen dann eben ohne Rechenbuch. Also, du hast einen Kohlkopf und ich habe einen Kohlkopf, was gibt das zusammen?
3. KIND: Eine Hilfsschule!
LEHRER: Ooooch, du frecher Bengel! Paß auf, jetzt nehmen wir deinen Kohlkopf weg, was haben wir dann?
3. KIND: Dann stehen Sie mit Ihrem Kappes alleine.

LEHRER: Ich sehe schon, so geht das nicht! Versuchen wir es anders. Wenn du sechs Äpfel hättest, und du solltest mir drei davon abgeben. Wie viele hättest du dann noch?
3. KIND: Immer noch sechs.
(Es klingelt)
LEHRER: Na, Bürschchen, dich werde ich mir morgen noch mal vornehmen.

ANSAGER: Draußen vor der Tür
stehen zwei Klassenkameraden.
Die sagten zu mir,
sie brächten Schwung in den Laden.

Zwei Klassenkameraden (1)

Zwiegespräch

(Stefan und Jens erscheinen in normaler Straßenkleidung. Allerdings trägt Stefan einen braunen und einen schwarzen Schuh.)

JENS: Was hast du denn für Schuhe an, Stefan? Einen braunen und einen schwarzen?

STEFAN: Ja, stell dir das vor! Und das Tolle ist, zu Hause habe ich noch so ein Paar.

Du, Jens, ich hatte einen ganz tollen Traum. Ich war auf dem Rummelplatz und durfte immer wieder umsonst mit der Achterbahn fahren.

JENS: Das ist ja noch gar nichts! Hör dir erst mal meinen Traum an. Ich habe nämlich auch was Tolles geträumt. Bei uns zu Hause stand der ganze Tisch voll Kuchen, Torten, Sahne, Eis, Bonbons und Schokolade. Das war so viel, das hätte ich in einer ganzen Woche nicht schaffen können. Deshalb habe ich alle Jungen aus der Nachbarschaft zusammengeholt, bloß dich nicht.

STEFAN: Warum denn mich nicht? – Habe ich dir was getan?

JENS: Nein, das nicht. Aber du warst ja nicht da, du warst doch auf dem Rummelplatz Achterbahn fahren.

STEFAN: Also, als ich dich zum Freund genommen habe, war ich ein schönes Rindvieh.
JENS: Rindvieh stimmt, aber schön warst du nie!

STEFAN *(droht mit der Faust):* Sei ja vorsichtig! Du bist ja nur neidisch, daß du nicht so einen tollen Vater hast wie ich. Mein Vater kann einfach alles.
JENS: Das glaube ich nicht. Dann soll er doch mal Zahnpasta in eine Tube zurückdrücken – oder an nasser Seife ein Streichholz anzünden.

STEFAN: Haha, sehr witzig! Kennst du den Genfer See?
JENS: Natürlich!
STEFAN: Mein Vater hat das Loch dafür gegraben.

JENS: Schon mal was vom Toten Meer gehört?
STEFAN: Aber sicher!
JENS: Mein Vater hat es erschlagen.

STEFAN: Gib doch nicht so an. Mein Vater kann sich rasieren, ohne dabei die Zigarette aus dem Mund zu nehmen.
JENS: Ist doch noch gar nichts! Mein Vater kann sich die Zehennägel schneiden, ohne vorher die Socken auszuziehen!

STEFAN: Ach, Jens, sag mal, wer hat eigentlich gestern bei euch so laut geschrien?
JENS: Das war mein Opa, der hat meinem Vater erklärt, wie meine Hausaufgaben gerechnet werden.

Weißt du übrigens, warum die Vögel im Winter nach Süden fliegen?
STEFAN: Nein, du?
JENS: Aber sicher! Weil es zum Laufen zu weit ist.

STEFAN: Was stellst du dir eigentlich unter einer Hängebrücke vor?
JENS: Na, Wasser natürlich.

So, ich muß jetzt aber schnell nach Hause. Meine Mutter will mich verhauen.
STEFAN: Und da hast du es so eilig?
JENS: Ja sicher! Wenn ich später komme, ist mein Vater schon zu Hause.

Zwischendurch bemerkt

Hausaufgaben machen Spaß,
aber wer kann schon Spaß vertragen?

*

Lieber beschlagen
als bekloppt.

*

Besser von den Socken sein,
als ohne Hose dastehen.

*

Wer andre in die Schule bringt,
muß selber rein.

*

Lieber groß und prächtig
als klein und schmächtig.

*

Wer die Schule kennt,
weiß wie ich leide.

*

Besser gesund sein und schwänzen,
als in der Schule krank werden.

*

Lieber frieren wie ein Schneider,
als arbeiten wie ein Pferd.

*

Besser einen Sport treiben,
als vom Sport getrieben werden.

*

Weg mit der roten Tinte,
sie versaut uns sämtliche Schulhefte.

*

Besser am Montag schon die Schule schwänzen,
als am Freitag immer noch hingehen.

*

Weck miet demm Duhden,
freie Ban führ eigenne Idäen ihn der Rächdschreipung!
*(Weg mit dem Duden,
freie Bahn für eigene Ideen in der Rechtschreibung!)*

Auf der Straße

Blitzsketche

(In jeder dieser Szenen steht ein Junge neben einer Laterne, die ihr aus Pappe basteln könnt.)

1. Szene

(Ein Mann geht auf den Jungen zu)

MANN: Kannst du mir bitte sagen, wie spät es ist?
JUNGE: Ja sicher kann ich das.
MANN *(im Weitergehen):* Oh, danke vielmals.

2. Szene

(Ein Mann geht auf den Jungen zu)

MANN: Ach, bitte, kannst du mir sagen, wie ich am schnellsten zu den Philharmonikern komme?
JUNGE: Da müssen Sie üben, mein Herr, viel üben.

3. Szene

(Ein Mann mit einem Regenschirm, in dem sich ein großes Loch befindet, geht auf den Jungen zu)

JUNGE: Warum haben Sie denn in Ihren Regenschirm ein Loch geschnitten?
MANN: Damit ich sehe, wenn es zu regnen aufhört.

Aber kannst du mir sagen, wie ich am schnellsten zum Kreiskrankenhaus komme?

JUNGE: Machen Sie die Augen zu und überqueren die Hauptstraße, dann werden Sie sogar mit Blaulicht hingefahren.

ANSAGER: Weiter geht es ohne Ruh und Rast,
empfangt mit mir jetzt einen Ober und seinen Gast.

Ober und Gast

Sketch

(Für diesen Sketch benötigt ihr: Banane, Tablett, Tisch, Stuhl, Tischtuch, Messer, Gabel, Löffel, tiefen und flachen Teller, Kaffeetasse mit Untertasse, fleischähnlichen Gegenstand, Kugelschreiber, Block und Serviette.)

GAST *(will sich setzen)*
OBER: Meine Dame, dieser Tisch ist reserviert.
GAST: Von mir aus! Dann bringen Sie mir einen anderen. *(Setzt sich)*

    Gibt es in diesem Restaurant keine sauberen Tischtücher?
OBER: Das weiß ich nicht, meine Dame, ich bin erst seit einem Jahr hier.

GAST: Und außerdem ist in der Decke ein Loch.
OBER: Einen Moment, meine Dame, das Nähzeug kommt sofort.

GAST: Herr Ober, bleiben Sie hier! Was wird denn heute so empfohlen?
OBER: Ochsenzunge in Madeira!
GAST: Meinetwegen, aber ich möchte nicht wissen, was es in Madeira, sondern was es in diesem Lokal zu essen gibt.

OBER: Schnecken sind eine Spezialität unseres Hauses.
GAST: Ich weiß, letztes Mal bin ich von einer bedient worden.

Haben Sie Eisbein?
OBER: Aber nein, meine Dame, ich trage stets Wollsocken.

GAST: Bringen Sie mir Bohnenkaffee, eine Kraftbrühe und Menü 12.
OBER *(bringt Kaffee)*
GAST *(trinkt einen Schluck):* Unverschämtheit! Das nennen Sie Bohnenkaffee!
OBER: Warum denn nicht?! Wenn Sie sich nach dem ersten Schluck schon so aufregen!

(Bringt die Suppe)

GAST: Herr Ober, der Teller hat einen Sprung.
OBER: Da können Sie mal sehen, wie stark unsere Kraftbrühe ist!

GAST: Herr Ober, da sind ja zwei Fliegen in meiner Suppe! Was hat das zu bedeuten?
OBER: Wahrscheinlich ein Liebespaar, das gemeinsam in den Tod gegangen ist.

GAST: Sie müssen aber ein pieksaubere Küche hier haben.
OBER: Danke sehr! Woran haben Sie das denn so schnell gemerkt?
GAST: Es schmeckt alles so nach Seife.

Herr Ober, jetzt sehen Sie sich das an! Auf meinem Tellerrand sitzt ein Brummer und grinst mich an.
OBER: Tut mir leid, meine Dame, aber es ist auch wirklich sehr schwer ernst zu bleiben, wenn man Sie essen sieht.

(Bringt Menü)

GAST: Warum sind denn die Portionen so klein heute? Gestern waren sie noch viel größer.
OBER: Ja, gestern haben Sie ja auch am Fenster gesessen, und dort kann nun mal jeder hineinsehen.

GAST *(probiert Fleisch):* Also, der Ochse, von dem Sie das Steak haben, muß aber schrecklich verliebt gewesen sein.
OBER: Wie kommen Sie denn darauf?
GAST: Na, das Steak ist ja jetzt noch voller Sehnen.

Herr Ober, und das Brot schmeckt nach Schießpulver.
OBER: Da muß wohl einer die Flinte ins Korn geworfen haben.

GAST *(will die Banane samt Schale in den Mund stecken)*
OBER: Aber, aber, meine Dame. Sie müssen die Banane doch schälen, bevor Sie sie essen.
GAST: Brauche ich nicht, ich weiß ja was drin ist.

Herr Ober, bringen Sie mir bitte einen Zahnstocher.
OBER *(schaut sich im Raum um):* Tut mir leid, aber im Augenblick sind alle Zahnstocher besetzt.

GAST: Zahlen, bitte!
OBER *(nimmt seinen Block und Stift und rechnet):* Macht genau 35,80 DM.
GAST *(zahlt):* Trinken Sie?
OBER *(entrüstet):* Aber nein, meine Dame.
GAST: Gut, dann brauchen Sie ja auch kein Trinkgeld. Auf Wiedersehen.

OBER: Darf ich Ihnen noch etwas empfehlen?
GAST: Ja bitte!
OBER: Gehen Sie in Zukunft in eine andere Gaststätte!

*ANSAGER: Nun wünsch ich viel Freude und keinen Verdruß.
Empfangt mit Applaus jetzt in der Bütt die „Doof Nuß".*

Doof Nuß (II)

Büttenrede

(Erscheint in normaler Straßenkleidung, hat aber das Gesicht wie ein Clown geschminkt.)

Hat mich doch gerade einer gefragt: „Habe ich dein Gesicht nicht schon mal an einer anderen Stelle gesehen?" – So was Blödes? Ich trage das Gesicht ja immer an derselben Stelle.

Ich habe mit meinen Eltern neulich Urlaub auf dem Bauernhof gemacht. Wollte ich zuerst gar nicht hin. Nein, ich habe gehört, die haben da eine Dreschmaschine. *(Verzieht schmerzlich das Gesicht und faßt mit der Hand nach hinten)*

Hat mich die Bäuerin gefragt: „Wie gefällt es dir denn hier?" „Ach", habe ich gesagt, „eigentlich recht gut, nur die vielen Fliegen auf der Toilette stören mich." – Meint sie: „Ja, Junge, da mußt du auch zur Mittagszeit hingehen. Dann sind die Fliegen alle in der Küche."

Ach, und dauernd hat meine Mutter an mir rumgenörgelt: „Zum Donnerwetter, Junge, jetzt iß endlich deine Suppe! Andere Kinder wären froh, wenn sie die Hälfte davon hätten!" „Ja", habe ich gesagt, „ich auch."

Mein Lehrer hat mich ja neulich gefragt, was mein Lieblingsinstrument wäre. Habe ich gesagt: „Der Essengong."

„Ach", sagte der Lehrer da, „Junge, du bist ein kleiner Dummkopf!" – Und kurz drauf fragte er mich dann: „So, weißt du eigentlich, warum ich dich gerade einen kleinen Dummkopf genannt habe?" „Ja", habe ich geantwortet, „weil ich noch nicht so groß bin wie Sie, Herr Lehrer."

Mein Lehrer hat ja jetzt auch herausgefunden, daß mein Papa und mein Onkel mir immer bei meinen Hausaufgaben helfen. Ja, er hat gesagt: „Ein Mensch alleine kann unmöglich so viele Fehler machen!"

Ach, was war mein Vater sauer, als ich mit meinem Zeugnis nach Hause kam. Hat er geschimpft: „Für so ein schlechtes Zeugnis müßte es eigentlich Prügel geben." Habe ich gesagt: „Prima, Papa, ich weiß, wo der Lehrer wohnt. Laß uns gleich hingehen!"

So, Leute, zum Schluß noch ein Tip: Fettflecke werden wieder wie neu, wenn ihr sie von Zeit zu Zeit mit Butter oder Margarine bestreicht.

Im Geschäft

Blitzsketche

(Bühnenaufbau siehe Seite 29 „Im Verkaufsladen".)

1. Szene

(Ein Junge kommt in den Laden gestürzt.)

JUNGE: Schnell, schnell!
VERKÄUFER: Was ist denn los?
JUNGE: Schnell, schnell, schnell!
VERKÄUFER: Nun beruhige dich doch erstmal.
JUNGE: Schnell, schnell, schnell, mein Vater ist in einen Bienenkorb gefallen.
VERKÄUFER *(erschreckt):* Das ist ja schrecklich, was soll ich dir denn geben? Essig?
JUNGE: Nein, nein, schnell, schnell!
VERKÄUFER: Also Verbandszeug?
JUNGE: Nein, ich brauche ganz schnell einen Farbfilm. So tolle Aufnahmen bekomme ich nie wieder!

2. Szene

(Ein Mädchen betritt den Laden.)

VERKÄUFER: Guten Tag, meine Dame, was darf es denn sein?
MÄDCHEN: Guten Tag, ich suche ein Geschenk für meinen Großvater.
VERKÄUFER: Ah, für den lieben Opa. Dann wollen wir doch mal sehen, was wir so da haben. Wie wäre es denn mit einer schönen Tabakspfeife?

MÄDCHEN: Nein, das kommt nicht in Frage, mein Opa raucht nicht.
VERKÄUFER: Ah, sehr vernünftig, der alte Herr.
MÄDCHEN: Na, so alt ist er nun auch noch nicht. Er wird morgen 64 Jahre alt, und ich suche eben was Preiswertes und Passendes zum 64. Geburtstag.
VERKÄUFER: Da haben Sie aber Glück gehabt, gerade zum 64. Geburtstag habe ich etwas Passendes da. Da habe ich nämlich gestern zufällig ein Schachbrett reinbekommen, das genau 64 Felder hat.

3. Szene

(Ein Herr betritt den Laden.)

VERKÄUFER: Guten Tag der Herr, womit kann ich dienen?
HERR *(wütend):* Dienen? Ich habe eine Beschwerde vorzubringen. Kaufte ich doch in der letzten Woche bei Ihnen sechs Stühle. Inzwischen sind bereits drei davon kaputt!
VERKÄUFER: Das begreife ich aber nicht! Hat sich etwa jemand auf die Stühle gesetzt?

4. Szene

(Ein junges Mädchen betritt den Laden.)

MÄDCHEN: Ich brauche ganz dringend einen Bleistift.
VERKÄUFER: Soll es ein harter oder ein weicher Bleistift sein?
MÄDCHEN *(schüchtern):* Ach, geben Sie mir einen weichen, ich will einen Liebesbrief schreiben.

5. Szene

(Auf der Verkaufstheke steht ein großer Topf mit einer Schöpfkelle darin. Ein Junge kommt auf die Bühne, er hat eine Milchkanne in der Hand.)

JUNGE:	Haben Sie frische Milch?
VERKÄUFER:	Aber sicher. *(Deutet auf den Topf)* Hier, bis obenhin gefüllt.
JUNGE:	Dann geben Sie mir bitte einen Liter Milch. *(Reicht dem Verkäufer die Kanne)*
VERKÄUFER	*(schöpft mit der Kelle Milch in die Kanne):* So, da bitte, deine Milch. *(Reicht dem Jungen die Kanne)*
JUNGE	*(nimmt die Kanne entgegen):* Danke.
VERKÄUFER:	Hast du denn auch Geld mit?
JUNGE:	Ja, das liegt unten in der Kanne.

6. Szene

(Ein kleiner Junge kommt in den Laden.)

JUNGE:	Ich hätte gerne Schampon.
VERKÄUFER:	Aber sehr gerne, der Herr. Welches Schampon darf es denn sein? Für fettiges, sprödes, brüchiges oder trockenes Haar?
JUNGE:	Haben Sie denn gar nichts für dreckiges Haar?

7. Szene

(Eine ältere Dame betritt den Laden.)

VERKÄUFER:	Schönen guten Tag, die Dame, wie kann ich Ihnen behilflich sein?
DAME:	Könnten Sie mir vielleicht eine Ansichtskarte mit einer Maus darauf verkaufen.
VERKÄUFER	*(runzelt die Stirn):* Mit einer Maus? Warum muß es denn ausgerechnet eine Maus sein?
DAME:	Ach, ich möchte meiner Katze eine Freude machen.

ANSAGER: Wenn sich zwei Nachbarinnen
begegnen im Gelände,
zu reden dann beginnen,
finden sie kein Ende.

Zwei Nachbarinnen (II)

Zwiegespräch

(Beide Frauen tragen einen Mantel und einen alten Hut.)

MEIER: Guten Tag, Frau Schmidt.
SCHMIDT: Guten Tag, Frau Meier. Ja, sagen Sie mal, was war denn gestern bei Ihnen los? Warum mußte Ihr Mann denn in der Ecke stehen?
MEIER: Ach, das hatte mein Sohn ihm befohlen. Mein Mann hatte seine Hausaufgaben falsch gemacht.

SCHMIDT: Nein, also sowas! Zustände sind das! Also da bin ich ja froh, daß wir bei uns eine Regelung getroffen haben. Unsere Kinder sollen nie einen Streit zwischen meinem Mann und mir mitkriegen. Sobald ein Streit beginnt, schicken wir die Kinder in den Garten.
MEIER: Ach, deshalb haben Ihre Kinder so eine gesunde Gesichtsfarbe.

Aber sagen Sie mal, Frau Schmidt, ist Ihre Wohnung wirklich so feucht, wie man immer hört?
SCHMIDT: Und ob! Heute morgen fanden wir einen Fisch in der Mausefalle.

MEIER: *(Stolz)* Ach, was ich Ihnen noch erzählen wollte, unser Jüngster läuft jetzt schon seit zehn Tagen. Ist das nicht toll?
MEIER: Toll! Seit zehn Tagen? Da muß er ja schon bald in München sein.

Aber, was ich Sie fragen wollte, wie trinkt Ihr Jüngster eigentlich den Kakao am liebsten?
SCHMIDT: Halb und halb.
MEIER: Wie soll ich das verstehen?
SCHMIDT: Ist doch ganz klar! Halb schüttet er den Kakao in den Mund und halb auf seine Hose!

MEIER: Ach, Frau Schmidt, mein Mann ist ja so unglücklich.
SCHMIDT: Warum das denn?
MEIER: Ja, ihm haben sie den Führerschein abgenommen.
SCHMIDT: Wie ist das denn passiert?
MEIER: Er hat auf der Autobahn überholt.
SCHMIDT: Das verstehe ich nicht. Auf der Autobahn darf man doch überholen.
MEIER: Ja, aber mein Mann hat einen Geisterfahrer überholt.

Jetzt wird wohl nichts aus unserem Sommerurlaub. Wo fahren Sie denn diesen Sommer hin?
SCHMIDT: Das wissen wir noch nicht so genau. Sie wissen doch sicher, daß mein Mann zu Weihnachten Wasserski bekommen hat.
MEIER: Ja, das weiß ich.
SCHMIDT: Sehen Sie, und jetzt will er unbedingt damit fahren und sucht verzweifelt nach einem See mit Abhang.

Außerdem muß mein Mann sich auch erst mal nach einem neuen Beruf umsehen.
MEIER: Wie? Ist er denn arbeitslos?
SCHMIDT: Ja leider. Sie wissen doch, wie glücklich er als Bananenverkäufer war. Aber jetzt hat man ihn entlassen.

MEIER: Aber weshalb denn?
SCHMIDT: Weil er die krummen Bananen immer weggeworfen hat.

MEIER: Ich habe Ihnen doch erzählt, Frau Schmidt, wie gerne ich ein Fahrrad haben würde. Dauernd habe ich meinen Mann vorgeschwärmt, wie gesund es doch wäre, in frischer Luft das Pedal zu treten.
SCHMIDT: Hat er Ihnen denn nun eins gekauft?
MEIER: Haben Sie eine Ahnung! Die Nähmaschine hat er mir auf den Balkon gestellt.

So, Frau Schmidt, ich muß jetzt gehen. Ich muß nämlich noch Stachelbeeren rasieren.
SCHMIDT: Warum das denn?
MEIER: Na, mein Mann will heute zum Nachtisch Weintrauben haben.

ANSAGER: *Ist er schuldig oder nicht,
erfahren wir jetzt vor Gericht.*

Vor Gericht

Sketch

(Die Richterin trägt einen schwarzen Umhang und sitzt an einem Tisch. Der Angeklagte, der später erscheint, trägt ziemlich abgetragene Kleidung.)

RICHTERIN:	Bringen Sie bitte den nächsten Angeklagten herein.
ANSAGER:	Jawohl, Hohes Gericht! *(Geht und schiebt den Angeklagten auf die Bühne)*
RICHTERIN:	Stellen Sie sich gerade hin! – Angeklagter, nennen Sie laut und deutlich Ihren Namen.
ANGEKLAGTER:	Heribert Liebling.
RICHTERIN	*(schlägt mit der flachen Hand auf den Tisch):* Werden Sie nicht unverschämt! Nennen sie mir auf der Stelle Ihren Namen!
ANGEKLAGTER:	Habe ich doch gerade gesagt. Heribert Liebling. – Was kann ich dafür, daß ich Liebling heiße.
RICHTERIN:	Gut! Und wann haben Sie Geburtstag?
ANGEKLAGTER	*(schweigt)*
RICHTERIN:	Wann haben Sie Geburtstag?
ANGEKLAGTER	*(schweigt)*
RICHTERIN:	Ich habe Sie gefragt, wann Sie Geburtstag haben!
ANGEKLAGTER	*(schweigt)*

RICHTERIN (bittend): Nun sagen Sie mir doch bitte endlich, wann Sie Geburtstag haben.
ANGEKLAGTER: Ach, Sie schenken mir ja sowieso nichts.
RICHTERIN: Warum haben Sie bei Ihrer Festnahme eigentlich einen falschen Namen angegeben?
ANGEKLAGTER: Weil ich in dem Augenblick so wütend war, daß ich mich selber nicht mehr gekannt habe.
RICHTERIN: Angeklagter, ich sehe gerade, daß sie keinen Verteidiger haben. Das Gericht ist gerne bereit, Ihnen einen Pflichtverteidiger zu stellen.
ANGEKLAGTER: Sehr freundlich, Frau Richterin, aber ein Entlastungszeuge wäre mir lieber.
RICHTERIN: Sie waren schon einmal im Gefängnis. Weswegen wurden Sie denn verurteilt?
ANGEKLAGTER: Ach, das war ein reines Versehen. Ich wollte damals meine Braut entführen, habe in der Eile aber nur die Mitgift von 10.000,— DM erwischt.
RICHTERIN: Ihnen werden mehrere Straftaten zur Last gelegt. So haben Sie zum Beispiel vor zwei Wochen auf offener Straße eine Schlägerei angefangen. Wie kommen Sie eigentlich dazu, sich auf offener Straße zu prügeln?
ANGEKLAGTER: Weil ich nicht genügend Geld habe, um mir für jede Schlägerei extra einen Saal zu mieten.
RICHTERIN: Was muß ich hier lesen? Sie haben Ihrem Nachbarn auf einer Karte geschrieben, er sei ein Betrüger. Wie kommen Sie dazu?
ANGEKLAGTER: Das ist nun mal meine Ansicht, Frau Richterin. Andere Leute schreiben doch auch Ansichtskarten.
RICHTERIN: Warum sind Sie eigentlich letzte Woche in den Seifenladen eingebrochen?
ANGEKLAGTER: Weil es mir so furchtbar dreckig ging.
RICHTERIN: Ja, und danach gleich der Einbruch in der Apotheke!

ANGEKLAGTER: Also, daran bin ich ja nun wirklich unschuldig. Vollkommen unschuldig, Frau Richterin.
RICHTERIN: Ja, ja, das behaupten alle.
ANGEKLAGTER: Sehen Sie, Frau Richterin, wenn es alle behaupten, dann muß es doch stimmen, daß ich unschuldig bin.
RICHTERIN: Na, dann schildern Sie mal den Vorgang.
ANGEKLAGTER: Also ich ging da so durch die Hauptgeschäftsstraße. Plötzlich rutsche ich auf einer Bananenschale aus und zerbreche dabei ein Schaufenster. Dadurch habe ich solche Kopfschmerzen bekommen, daß ich dachte, wenn das Schaufenster der Apotheke schon mal kaputt ist, kann ich auch eben reingehen und mir ein Kopfschmerzmittel holen. Als ich dann in der Ladenkasse nach einem Bleistift suchte, um meinen Namen zu hinterlassen, kam die Polizei und hat mich verhaftet.
RICHTERIN: So, so! Hatten Sie bei Ihrem Einbruch einen Genossen?
ANGEKLAGTER: Nein, ich war stocknüchtern.
RICHTERIN *(erhebt sich):* Angeklagter, stellen Sie sich gerade hin, ich verkünde das Urteil:
Ich verurteile Sie zu fünf Monaten Haft. – Sie können gegen das Urteil Berufung einlegen, Sie können aber auch darauf verzichten.
ANGEKLAGTER: Gut, dann verzichte ich auf das Urteil.
RICHTERIN: Werden Sie nicht witzig. –
Haben Sie noch etwas zu sagen, was Ihre Strafe erleichtern kann?
ANGEKLAGTER: Ja, lassen Sie mir ein Sofa und einen Fernseher in die Zelle bringen.
RICHTERIN: Raus!

Zwischendurch bemerkt

Besser den Kürzeren ziehen,
als eine gelangt kriegen.

*

Aller Anfang ist schwer,
also höre ich lieber gleich auf.

*

Lieber den Gordischen Knoten lösen,
als das Ei des Columbus essen.

*

Wer in den Ferien für die Schule was tut,
dem gehts doch ganz bestimmt nicht gut.

*

Besser eine Brille,
als gar keinen Durchblick.

*

Wer sich selbst auf die Schulter klopft,
erspart anderen den Weg.

*

Lieber aus der Schule laufen,
als in der Klasse sitzen.

*

Chemieunterricht ist nur dann sinnvoll,
wenn dabei auch mal die Schule in die Luft fliegt.

*

Lieber der lachende Dritte,
als das heulende Elend!

*

Besser sein Pausenbrot essen,
als den Computer füttern.

*

Lieber Unterrichtsausfall,
als Haarausfall!

*

Weg mit den Zeugnissen,
man versaut sich den ganzen Tag damit!

*

Lieber als letzter in die Klasse kommen,
als als erster drankommen.

ANSAGER: Als nächstes empfangen wir einen Vater und seine Tochter.

Vater und Tochter

Zwiegespräch

(Der Vater sitzt im Sessel und liest Zeitung. Einen Moment später betritt die Tochter das Zimmer.)

VATER: Ach, Verena, da bist du ja. Was hast du denn den ganzen Nachmittag gemacht?
TOCHTER: Tim und ich haben Briefträger gespielt.
VATER: So, so.
TOCHTER: Wir haben hier die ganze Nachbarschaft mit Post versorgt.
VATER *(erstaunt):* So! Und woher hattet ihr denn die vielen Briefe?
TOCHTER: Na, aus Mamas Nachtschränkchen. Die beiden Pakete mit den rosa Schleifen drumrum.

(Stolz) Ich habe auch im Schlafzimmer aufgeräumt.
VATER: Das ist aber lieb von dir.
TOCHTER: Ja, auf Mamas Frisiertisch ist jetzt auch viel mehr Platz. Ich habe alle Flaschen, die so gut riechen, in eine einzige zusammengekippt.

Ach, Papa, du sagst doch immer, du hättest so ein gutes Gedächtnis für Gesichter. Stimmt das?
VATER *(stolz):* Aber sicher, mein Kind. Warum möchtest du das denn wissen?
TOCHTER: Ach, mir ist beim Aufräumen dein Rasierspiegel runtergefallen.

TOCHTER: Du, Papa, ich wollte dich mal was fragen. Warum heißt das eigentlich „Vaterland" und „Muttersprache"?
VATER: Das ist doch ganz einfach. Du mußt nur mal darauf achten, wer das Land bebaut, und wer das große Wort führt.

TOCHTER: Du, Papa, was sind eigentlich Ahnen?
VATER: Die Ahnen, das sind Menschen, von denen man abstammt. Opa und Oma und auch deine Mutter und ich sind zum Beispiel deine Ahnen.
TOCHTER: Aha! Aber dann verstehe ich nicht, daß manche Leute so mit ihren Ahnen angeben.

TOCHTER: Du, Papa, was ist eigentlich ein Ehrendoktor?
VATER: Hm, ja, Verena, wie soll ich dir das erklären? – Ach, weißt du, das ist genau so ein Titel, wie wenn die Mama mich als Herrn des Hauses vorstellt.

TOCHTER: Du, Papa, was ist eigentlich der Unterschied zwischen Geiz und Sparsamkeit?
VATER: Also, wenn ich meinen Wintermantel schone, um ihn im nächsten Jahr noch tragen zu können, dann bin ich sparsam. Aber wenn ich deine Mutter bitte, ihren Wintermantel noch ein weiteres Jahr zu tragen, dann bin ich geizig.

TOCHTER: Weißt du was ein Vakuum ist?
VATER: Ich hab's im Kopf, Verena, aber im Moment fällt es mir nicht ein.

TOCHTER: Du, Papa, ist Tinte eigentlich sehr teuer?
VATER: Aber nein, Verena.
TOCHTER: Dann verstehe ich aber nicht, warum die Mama so einen schrecklichen Krach gemacht hat, als mir das Tintenfaß auf den neuen Teppich gefallen ist.

	Papa, was ist eigentlich ein Monolog?
VATER:	Ein Monolog ist, wenn deine Mutter mit mir eine Besprechung hat.
TOCHTER:	Papa, und was ist ein Chef?
VATER:	Ein Chef, das ist der Mann, der morgens pünktlich im Geschäft ist, wenn ich mich verspäte, und der zu spät kommt, wenn ich mal pünktlich bin.
	Ach, hör mal, Verena, dein Lehrer hat sich heute über dich beklagt.
TOCHTER *(macht eine wegwerfende Handbewegung):*	Ach, Papa, das solltest du nicht so ernst nehmen, heutzutage klagt doch jeder.
VATER:	Also, Tochter, wenn ich mir weiter so viele Sorgen um dich machen muß, bekomme ich bald graue Haare.
TOCHTER:	Du, Papa, warum hat der Opa eigentlich so viele graue Haare?
VATER:	Jetzt werd bloß nicht noch frech! Geh lieber in dein Zimmer und mach deine Hausaufgaben.

Der Straßenhändler

Sketch

(Für diese Szene benötigt ihr einen Tisch und wenigstens zwei gleiche Kämme. Einen dieser Kämme präpariert ihr so, daß er beim Biegen sofort in zwei Stücke bricht. Der Straßenhändler hat den ganzen Kamm in der Hand und den präparierten Kamm vor sich auf dem Tisch liegen.)

Meine sehr verehrten Damen und Herrn, dieser Kamm ist das Nonplusultra. Dieser Kamm ist eine Weltneuheit. Er ist absolut unzerbrechlich. *(Zur Demonstration Kamm hin- und herbiegen)* Er ist wie so vieles in der heutigen Zeit ein Abfallprodukt aus der Weltraumforschung. *(Während dieses Satzes die Kämme umtauschen)* Meine Damen und Herren, diesem Kamm können Sie ohne Bedenken Ihre Haare anvertrauen. Er ist – wie schon gesagt – das Unzerbrechlichste, was derzeit auf dem Weltmarkt ist. *(Den präparierten Kamm biegen und erstaunt auf die beiden Teile schauen. Aber gleich anschließend die Teile zum Publikum halten)* Und so, meine Damen und Herren, sieht der Kamm von innen aus. – Ich danke Ihnen für Ihre Aufmerksamkeit.

ANSAGER: Und noch 'mal kommt Klein Susi raus, empfangt sie wieder mit Applaus.

Klein Susi (II)

Büttenrede

(Klein Susi erscheint in einem kurzen Kleidchen, in den Haaren hat sie zwei rote Schleifen.)

Ach, was ist das hier schön bei euch, ganz anders als in der Schule. Da müssen wir immer lernen und lernen, und die Lehrer kriegen unseren Fleiß auch noch bezahlt. Und dann gucken sie in ihren Büchern nach, ob das auch stimmt, was wir gesagt haben. Eine Ungerechtigkeit ist das!

Vorhin hat meine Mama mit mir geschimpft: „Klein Susi", hat sie ganz entsetzt geschrien, „was hast du denn gemacht? Dein Zimmer ist ja voller Holzwolle!" „Ach", habe ich gesagt, „ich habe meinem Teddy nur bei seiner Schlankheitskur geholfen."

Auch heute morgen beim Frühstück hat sie gemeckert, nur weil ich aus Versehen mein Frühstücksei umstieß und dabei die Tischdecke bekleckert habe. – Was kann ich denn dafür, wenn die Hühner die Eier so voll machen?!

Aber mein Lehrer, das ist auch ein Kerl. Sagte er heute morgen zu mir: „Susi, mach nicht so einen schläfrigen Eindruck!" „Mach ich ja gar nicht", habe ich gesagt, „das ist das Talent, das in mir schlummert."

Im Erdkundeunterricht neulich ist unser Lehrer vielleicht wütend geworden. „Wer sich selbst für doof hält, soll aufstehen!" hat er geschrien. Lange Zeit blieb es still in der Klasse, doch dann bin ich aufgestanden. Hat der Lehrer mich gefragt: „Warum stehst du denn auf, Susi?" „Ach, wissen Sie, Herr Lehrer", habe ich gesagt, „ich konnte es nicht mehr mit ansehen, wie Sie so allein da rumstanden."

Seitdem bete ich ja immer: „Lieber Gott, mache aus mir ein kluges Mädchen, unser Lehrer schafft das nicht."

Neulich war meine Tante zu Besuch. Die hatte ich seit dem letzten Urlaub nicht gesehen. Staunt die mich an: „Oh, Susi, du hast aber im Urlaub dicke Backen bekommen. War das Essen so gut?" – Habe ich gesagt: „Nein, ich mußte nur jeden Tag die Luftmatratze aufblasen."

„Und wie war d e i n Urlaub, Tante?" habe ich sie gefragt. „Ganz klasse!" Wir hatten s o ein Wetter! Wir mußten uns dreimal am Tag mit Sonnenöl einreiben, damit der Regen besser abtropfen konnte."

Ja, das ist eine, meine Tante. Neulich ist sie in einen Werkzeugladen gegangen und hat gesagt: „Hier, diesen Hammer müssen Sie mir unbedingt umtauschen, der trifft dauernd daneben."

Mir hat sie ja einen Hund geschenkt. Der ist unheimlich wachsam. Ja, der bellt sogar, wenn ich von Einbrechern träume.

So, deshalb muß ich jetzt auch gehen, ich muß meinen Hund noch Gassi führen.

ANSAGER: Weiter geht es hier und heut.
Vor der Tür da stehn sie schon.
Empfanget jetzt mit mir, ihr Leut,
einen Vater und seinen Sohn.

Vater und Sohn (II)

Zwiegespräch

(Der Vater sitzt an einem Tisch. Der Sohn kommt einen Moment später auf die Bühne. Er muß sich einen Zahn schwarz übermalen, so daß es so aussieht, als würde dieser Zahn fehlen.)

VATER *(entsetzt):* Du hast dich ja schon wieder geprügelt. Und dabei doch wahrhaftig einen Zahn verloren! Ja, ist das denn die Möglichkeit?!

SOHN *(faßt in seine Hosentasche und holt etwas heraus):* Nein, nicht verloren, den hatte ich nur in der Hosentasche.

VATER: Und wie ich das so kenne, hast du natürlich wieder mit der Schlägerei angefangen.

SOHN *(entrüstet):* Nein! Es fing damit an, daß der Stefan zurückschlug.

VATER: Ach, erzähl mir doch nichts! Du prügelst dich ja dauernd. Warum hast du gestern zum Beispiel deinen kleinen Bruder geschlagen?

SOHN: Ach, der hatte die ganze Tinte ausgetrunken und wollte dann das Löschpapier nicht essen.

VATER: Hast du dich in der Schule wenigstens anständig benommen?

SOHN: Aber klar! Was kann man denn schon anstellen, wenn man den ganzen Vormittag in der Ecke stehen muß!

Gestern war es ja viel schöner in der Schule, da waren wir nämlich gar nicht in der Schule, da sind wir in den Zoo gegangen. Du, Papa, da im Zoo da war ein Affe, der war größer als du.

VATER: So ein Quatsch, einen größeren Affen als mich gibt es gar nicht! Ist das klar?

SOHN: Ach, Papa, wir haben auch über Afrika gesprochen. Weiß du eigentlich, wo Afrika liegt?

VATER: Hm, also genau weiß ich es auch nicht, aber weit kann es nicht sein. Bei uns in der Firma arbeitet nämlich ein Neger, und der kommt jeden Morgen mit dem Fahrrad.

SOHN: Papa, ich habe da noch eine Frage. Wo sind eigentlich die vielen Fliegen im Winter?

VATER: Das weiß ich auch nicht. Aber ich wünschte, sie wären auch im Sommer dort.

SOHN: Ach, Papa, du hast mir doch zwei Mark versprochen, wenn ich diesmal in der Mathematikarbeit keine fünf schreibe. Ich habe eine gute Nachricht für dich.

VATER *(erfreut):* So, mein Junge, hast du es also endlich geschafft?

SOHN: Nee, das nicht – aber du hast die zwei Mark gespart.

VATER: Was ich dich noch fragen wollte. Hast du ein Bad genommen?

SOHN: Nee, fehlt denn eins?

VATER: Jetzt reicht mir das mit deinen Frechheiten! Los, ab ins Badezimmer mit dir!

Das Erinnerungsfoto

Sketch

(Diese Szene führt am besten der Ansager selbst vor. Dazu müßt ihr euch aus einem Pappkarton, den ihr so mit Tapete beklebt, daß die weiße Rückseite nach außen zeigt, einen Fotoapparat bauen. Für den Auslöser benutzt ihr eine Toilettenpapierrolle. Siehe Abbildung. Außerdem müßt ihr euch drei Zeichnungen anfertigen. Auf der ersten Zeichnung ist am unteren Bildrand nur der Hut des Ansagers zu sehen, auf der zweiten in der Mitte der Bauch des Ansagers und auf der dritten am oberen Bildrand nur die Schuhe des Ansagers.
Diese Zeichnungen und zwei große Karikaturen-Poster kommen in den Fotoapparat, so daß man sie leicht herausnehmen kann. Dann benötigt der Ansager noch einen Gehilfen, der eingeweiht sein muß.)

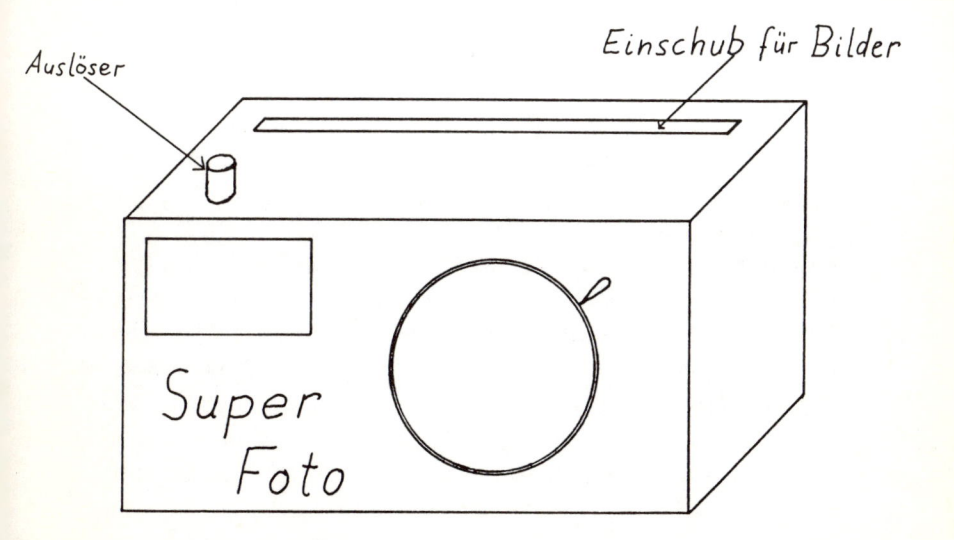

ANSAGER:
Hallo, Leute, da bin ich wieder! Ich finde das ja so toll hier heute, da habe ich mir meinen Fotoapparat mitgebracht, weil ich gerne ein Erinnerungsfoto haben möchte. . . *(Name des Gehilfen),* kommst du mal bitte auf die Bühne, um mich zu fotografieren?

Hier nimm mal den Fotoapparat. Ich stelle mich da vorne hin.

(Der Gehilfe schießt das erste Foto und holt das Bild mit dem Bauch des Ansagers aus dem Apparat.)

Ach, du liebe Zeit, was hast du denn gemacht?! Du hast mein Gesicht ja gar nicht mit drauf. Du mußt den Apparat schon etwas höher halten.

(Der Gehilfe schießt das zweite Foto und holt das Bild mit dem Hut des Ansagers aus dem Apparat.)

Ja, das ist doch nicht wahr! Kannst du denn nicht richtig fotografieren? Jetzt halte den Apparat mal etwas tiefer!

(Der Gehilfe schießt das dritte Foto und holt das Bild mit den Schuhen des Ansagers aus dem Apparat.)

Also, du bist doch wirklich unfähig! Kannst du denn nicht mit dem Apparat umgehen?! Paß auf, ich werde dir das mal vorführen!

(Nimmt dem Gehilfen den Apparat ab. Wendet sich dann ans Publikum und bittet zwei Personen, die den meisten Zuschauern bekannt sind, auf die Bühne. Von jeder dieser Personen macht der Ansager ein Foto und zieht dann die beiden lustigen Poster aus dem Fotoapparat.)

*ANSAGER: Zwei Klassenkameraden wollen jetzt herein.
Was sie uns erzählen, wird sicher lustig sein.*

Zwei Klassenkameraden (II)

Zwiegespräch

(Jens und Stefan erscheinen in normaler Straßenkleidung.)

JENS: Du siehst schlecht aus, Stefan, was ist denn los mit dir?
STEFAN: Ach, ich bin von einer zehn Meter hohen Leiter gefallen.
JENS: Und? Hast du dir sehr weh getan?
STEFAN: Ach, es ging. Ich stand auf der untersten Sprosse.

Aber stell dir vor, mein Hund ist entlaufen.
JENS: Gib' doch eine Anzeige in der Zeitung auf.
STEFAN: Das nutzt nichts. Mein Hund kann ja nicht lesen.

Aber was macht eigentlich dein kranker Goldfisch?
JENS: Danke, der ist schon wieder auf den Beinen.

Hör mal, Stefan, geht es dir auch so? Also, wenn ich abends ein spannendes Buch lese, kann ich nachts nicht schlafen.
STEFAN: Nein, bei mir ist das genau umgekehrt. Wenn ich nachts schlafe, kann ich kein spannendes Buch lesen.

Sag mal, wieso habt ihr eurem Opa eigentlich zu Weihnachten einen Matrosenanzug geschenkt? Ich denke, der ist Jäger!

JENS: Ist doch wohl ganz klar! Wenn der Opa den Matrosenanzug anhat, denken die Hasen, er will zum Segeln. Dann ist mein Opa immer im Vorteil.

STEFAN: Also, ich mache später mal mitten in der Wüste Sahara eine Kneipe auf.
JENS: Mensch, Stefan, du bist doch bekloppt. Da kommt doch keiner hin.
STEFAN: Ja, wenn aber mal einer kommt, was meinst du, was der für einen Durst hat!

Du, Jens, weißt du, was ein Sattelschlepper ist?
JENS: Ja sicher. Vermutlich ein Cowboy, der sein Pferd verloren hat.

Aber kannst du „Postbote" ohne „o" sagen?
STEFAN: Mensch, ist doch einfach! Pstbte!
JENS: Falsch, „Briefträger" heißt das!

Sag mal, Stefan, wo hast du denn deine Armbanduhr?
STEFAN: Ach, die geht immer vor. Die ist sicher schon zu Hause.

Ich muß jetzt auch schnell weg. Ich habe mich nämlich mit jemandem verabredet, der mir zwei Mark geliehen hat.
JENS: Und wo wollt ihr euch treffen?
STEFAN: Hier!

ANSAGER: Das Bundesverkehrsministerium gibt ab morgen neue Verkehrsschilder heraus. Darum müssen sich alle Autofahrer einer erneuten Fahrprüfung unterziehen. Wie es bei so einer Fahrprüfung zugeht, erfahren wir im nächsten Sketch.

Die Fahrprüfung

Sketch

(Für diesen Sketch müßt ihr euch fünf Verkehrsschilder herstellen. Dazu benutzt ihr am besten weißen Pappkarton. Ihr könnt allerdings auch andersfarbige Pappe nehmen und sie so mit Tapete bekleben, daß die weiße Rückseite nach außen zeigt. – Der Kandidat und der Prüfer erscheinen in normaler Straßenkleidung.)

PRÜFER: So, zuerst eine ganz einfache Frage. Sie stellen während der Fahrt fest, daß Ihre Bremsen nicht mehr funktionieren. Was machen Sie?
KANDIDAT: Ich fahre in die nächste Werkstatt.
PRÜFER: Sehr gut! Ich sehe schon, Sie werden die Prüfung leicht bestehen. Sie fahren also in die nächste Werkstatt und lassen Ihre Bremsen reparieren!
KANDIDAT: Nein, nicht die Bremsen, das ist doch viel zu teuer! Ich lasse meine Hupe lauter stellen.

PRÜFER: Was bedeutet dieses Schild? *(Schild hochhalten)*

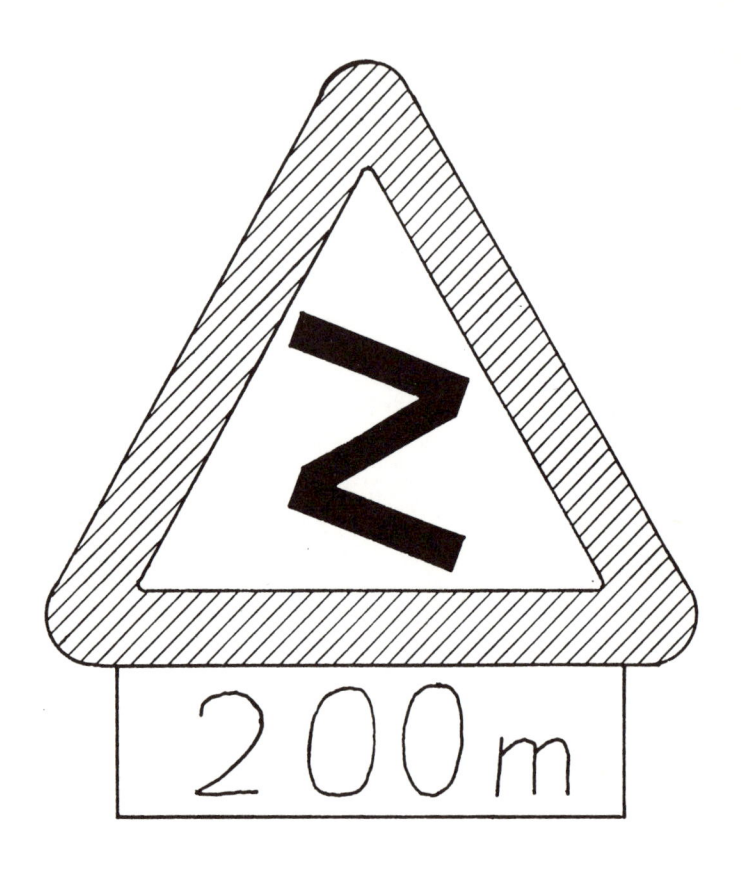

KANDIDAT: Nur im Zickzack fahren.

PRÜFER: Tut mir leid, das Schild bedeutet: Auf den nächsten 200 Metern müssen Sie mit Gewittern rechnen.

Versuchen wir es mit diesem Schild. *(Hochhalten)*

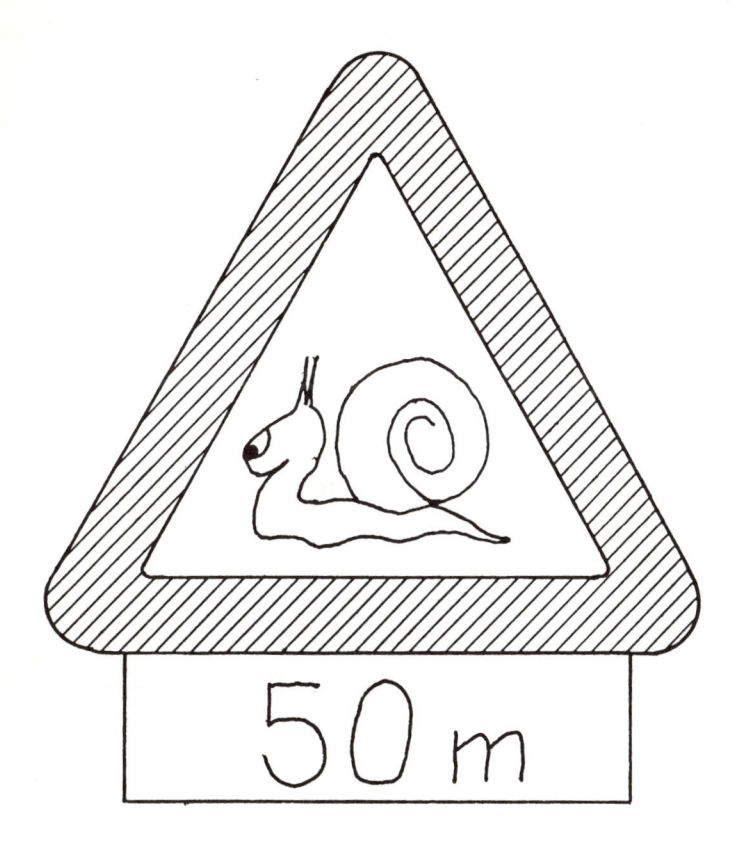

KANDIDAT: Das ist doch ganz einfach! Nur im Schneckentempo fahren.
PRÜFER: Leider haben Sie wieder danebengetippt. Das Schild bedeutet: Noch 50 Meter und Sie kommen zum nächsten Restaurant, in dem Sie Weinbergschnecken essen können.

Nennen Sie mir die höflichsten Autofahrer!
KANDIDAT: Die Geisterfahrer.
PRÜFER *(runzelt die Stirn):* Warum die Geisterfahrer?
KANDIDAT: Na, weil die so entgegenkommend sind.

PRÜFER: Was bedeutet dieses Schild? *(Hochhalten)*

KANDIDAT: Diese Straße ist gestrichen.
PRÜFER: Nein, schon wieder falsch. Das Schild bedeutet: Noch 200 Meter bis zur nächsten Lottoannahmestelle. – Mit blauem Rand heißt es übrigens: Noch 200 Meter bis zum nächsten Wahllokal.

Na, dann versuchen wir es mit einer anderen Frage: Was machen Sie, wenn Sie nach zwei Kilometern Fahrt bemerken, daß Sie den Zündschlüssel gar nicht im Zündschloß stecken haben?
KANDIDAT: Ich steige aus und trete dem kräftig in den Hintern, der mich die ganze Zeit geschoben hat.

PRÜFER: Und was bedeutet dieses Schild? *(Hochhalten)*

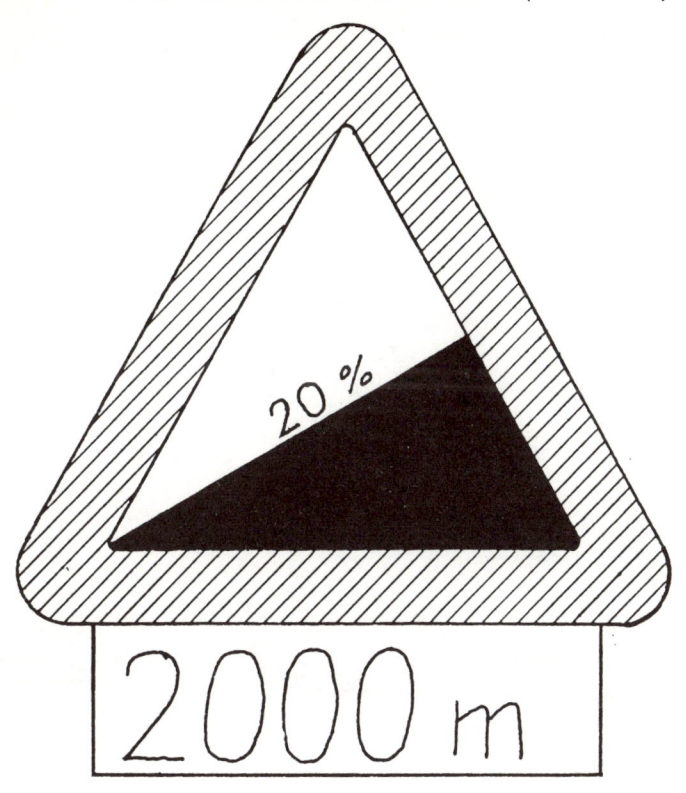

KANDIDAT: 20 Prozent dieses Schildes sind ungültig.
PRÜFER: Nein! *(Greift sich mit einer verzweifelten Geste an die Stirn)* Das Schild bedeutet: Wenn sich 2000 Mann auf diese Straße stellen, senkt sich diese um 20 Prozent.

Na, dann noch eine Frage: Was machen Sie, wenn von rechts ein Auto kommt, von links ein Motorrad, von hinten ein Bus, von vorne ein Zug und von oben ein Flugzeug?
KANDIDAT *(überlegt, wiederholt eventuell die Frage):* Dann rufe ich meinen Bruder an, der hat so etwas noch nie gesehen.

PRÜFER: Wir kommen zur letzten Frage: Was bedeutet dieses Schild? *(Hochhalten)*

KANDIDAT: Wagenwaschen verboten.

PRÜFER: Falsch! Durchfahrt verboten, die Straße ist völlig im Eimer!

Es tut mir leid, aber ich muß Ihren Führerschein einziehen. Vielleicht klappt es ja im nächsten Jahr.

Zum Abschied

Liebe Kinder, Herrn und Damen,
alle die heut zu uns kamen,
ich hoffe es hat Spaß gemacht,
was wir für euch hier dargebracht.
Klatscht noch mal kräftig in die Hände,
denn gleich ist das Programm zu Ende.

(Abwarten bis Klatschen vorbei ist)

Hat es euch bei uns gefallen,
sagt es dann doch bitte allen,
die ihr nachher noch so seht,
wenn ihr jetzt nach Hause geht.
Hat's euch nicht gefallen hier,
schweigt vor and'ren, sagt es mir.

Beim Schlußapplaus bitte bedenkt,
es hat sich jeder angestrengt,
der heute für euch aufgetreten.
Darum seid noch mal darum gebeten,
spart, gehe ich jetzt gleich hier raus,
bitte nicht mit dem Applaus.

Denn dann könnt ihr sicher sein,
üben wir was Neues ein.
Und laden wieder ein euch alle
hier in diese schöne Halle.
Für heute tschüß, auf Wiedersehn,
– und jetzt werd' ich auch endlich gehn!

(Geht winkend ab)

Vortragsbücher braucht man eigentlich immer!

Ob es sich um ein Vereinsfest, einen Bunten Abend, eine Schul-, Familien-, Betriebs- oder Weihnachtsfeier, eine Hochzeit, ein Karnevalsvergnügen oder eine sonstige gesellige Veranstaltung handelt — bei uns finden Sie ganz bestimmt die passenden Anleitungen, Unterlagen und Vorträge.

Fordern Sie bitte von Ihrer Buchhandlung oder direkt von uns den ausführlichen, illustrierten Prospekt über unsere Vortragsbücher an.

VERLAG OTTO TEICH · 64300 DARMSTADT · POSTFACH